Niederlande

Dirk ter Brügge

Dirk ter Brügge
arbeitet als Auslandskorrespondent in Holland mit Wohnsitz Amsterdam. Buchveröffentlichungen über Spanien, Irland, Belgien, die Niederlande, Kunstführer Amsterdam und Holland.

URK
YH24-36

Stimmungsvoll und friedlich liegt dieser mit Booten dichtgedrängte Hafen in Flevoland da. Im Land unter Null gehört der Besitz eines Segelbootes zum Alltag.

Willkommen in den Niederlanden

Die Niederlande erleben

MERIAN-Tips

Sehenswerte Orte und Ausflugsziele

Karten und Pläne

Die Buchstaben-Zahlen-Kombinationen im Text verweisen auf die Planquadrate der Karten.

Routen und Touren

Wichtige Informationen

Vertraut und doch exotisch,

fremd und doch nah – die Niederlande sind ein Nachbarland der besonderen Art. Das Meer, eine bewegte Geschichte und viel Kultur prägen ihr Antlitz.

Meer und Wasser sind die bestimmenden Elemente, die Widersprüche zwischen calvinistischer Sittenstrenge und katholischer Lebensart prägen den Umgangsstil. Immer wird man auf kleinstem Raum Gegensätze entdecken: malerische Dörfer und zersiedelte Städte, Polderland und Nordsee, Kleinbürgertum und Weltläufigkeit, Heiterkeit und Strenge. Das Land von Rembrandt und Mondrian, von Käse und Tomaten. Die Niederlande sind gekennzeichnet von einer Vielfalt an Kulturen und Lebensanschauungen, an Rassen und Nationen. Daß die Bewohner einer besonderen Weltanschauung anhängen, wird schnell deutlich. In einem solchen Land, dicht bevölkert und mit einem hohen kulturellen Standard, ist man aus Pragmatismus darauf angewiesen, tolerant zu sein und demokratisch zu handeln.

Zwei Begriffe stehen für die Lebensart der Niederländer: **Gezelligheid** und **Moet kunnen** – traute Geselligkeit und intime Behaglichkeit kennzeichnen das Lebensglück, ob daheim oder im Café. **Moet kunnen** gilt als die Zauberformel, mit der das Chaos

Mehr als ein Klischee: Pittoreske Windmühlen am Kanal – eine Holland-Idylle wie aus dem Bilderbuch – sieht man auch heute noch häufig.

des Alltags organisiert wird – ein schulterzuckendes Gewährenlassen. Kein Wunder, daß dies auch deutschen Gästen gefällt. Mehr als zwei Millionen von ihnen, die es traditionell vor allem an die Küste und auf die fünf Inseln zieht, verleben hier alljährlich ihre Ferien.

In der Schöpfungsgeschichte war das Königreich der Niederlande nicht vorgesehen. Mehr als die Hälfte des Landes – Teil der nordwesteuropäischen Tiefebene im Mündungsgebiet von Rhein, Maas und Schelde – liegt unterhalb des Meeresspiegels; Deiche in einer Gesamtlänge von rund 2000 Kilometern schützen dichtbesiedelte Gebiete vor Überflutung, und rund 20 000 Pumpen halten das Land trocken. In ihrer heutigen, durch die großen Eindeichungen entstandenen Gestalt sind die Niederlande noch keine 80 Jahre alt.

Diskussionen über Gott und die Welt: »Ihr« Café ist für die Niederländer ein Ort der alltäglichen Geselligkeit – und eine Nachrichtenbörse par excellence.

Die letzte Urlandschaft

Europas letzte Urlandschaft, das Wattenmeer, liegt zwischen dem Festland und den West- und Ostfriesischen Inseln. Das Gebiet, ein sieben bis 20 Kilometer breiter und rund 450 Kilometer langer Streifen (von Texel bis hinter Sylt), ist ein Zwitter: halb Land, halb Wasser – eine amphibische Welt voller Leben, ein Paradies für Wasservögel und die »Kinderstube« für Nordseefische. Zweimal pro Tag wird diese Fläche von der Nordsee überschwemmt, und jedesmal bringt die Flut, die in den Gezeitenkanälen (Prielen) zu stark strömenden Flüssen wird, gewaltige Mengen mikroskopisch winziger Lebewesen mit sich. Weite Teile des Wattenmeers wurden in den 80er Jahren unter Naturschutz gestellt.

2000 Kilometer Deiche schützen

Verheerende Stumfluten, Überschwemmungen und Versandungen formten in den letzten 600 Jahren das Gesicht der Niederlande. Erst als Windmühlen eingesetzt werden konnten, gelang es, weite Teile des Landes trockenzulegen. Durch Landgewinnung, Einpolderung und Verkürzung der Deichlinie dehnten sich die Niederlande aus. Mit knapp 42 000 Quadratkilometern ist das Land etwa so groß wie das angrenzende Nordrhein-Westfalen. Im Osten grenzen die Niederlande an die Bundesrepublik Deutschland (630 Kilometer Grenze) und im Süden an Belgien (430 Kilometer). Die höchste Erhebung ist mit 321 Metern der Vaalser Berg im Dreiländereck bei Aachen, der tiefste Punkt, knapp sieben Meter unter Null, liegt im Alexanderpolder bei Rotterdam. Obwohl zum weitaus größten Teil von Wasser geprägt, findet man in Limburg liebliches Hügelland, weite Torfgebiete in Drenthe, Wälder in Overijssel und in der Achterhoek. Vor der Küste, im Wattenmeer, liegen die fünf Inseln: Texel, Vlieland, Ameland, Terschelling und Schiermonnikoog.

Altholländische Städte

Zur Attraktivität des Landes trägt aber nicht nur die Natur bei, sondern auch die Tatsache, daß die alten Städte – Alkmaar, 's-Hertogenbosch, Leiden, Maastricht oder Haarlem – lebendig geblieben sind. Die historische städtebauliche Qualität ist so, daß sich hier Neubauten problemlos einfügen lassen.

Die bekanntesten Bauwerke der Brabanter Gotik sind St. Jan in 's Hertogenbosch, die Kirchen von Breda und Dordrecht, St. Bavo in Haarlem; gotische Rathäuser stehen in Middelburg, Delft und Gouda. Im Stil der niederländischen Renaissance wurden Wester- und Zuiderkerk in Amsterdam, die Rathäuser von Franeker und Bolsward erbaut.

»Puzzleteilchen« einer faszinierenden Stadt: Utrecht hat weit mehr Schönheiten zu bieten als nur das Denkmal des bedeutenden niederländischen Fürsten Graf Jan von Nassau.

Die historischen Innenstädte von Amsterdam, Dordrecht, Haarlem, Enkhuizen sind geprägt von endlosen Reihen von Grachtenhäusern, an denen die Giebel (Treppen-, Hals-, Schnabel- oder Leistengiebel) die herausragenden Schmuckelemente sind. Experimentierfreudig bauten zum Beispiel Petrus Cuypers Ende des 19. Jahrhunderts das Rijksmuseum in Amsterdam oder Piet Bloem nach dem Krieg seine Kubuswohnungen in Rotterdam.

Die »Randstad«

Nach seinen Provinzen Zuid- und Noordholland, den wohlhabenden und einflußreichsten, wird für die Niederlande auch das seit dem 17. Jahrhundert gebräuchliche Wort »Holland« benutzt. Die Hauptstadt Amsterdam, der Regierungssitz Den Haag und die Hafenstadt Rotterdam bilden mit den altholländischen Städten wie Dordrecht oder Leiden das Zentrum, sind Teil der »Randstad«, jener großstädtischen Region, die in Form eines Hufeisens das »Herz Hollands«, das wirtschaftliche und kulturelle Ballungszentrum, umschließt.

Was Holland so einzigartig macht, sind die Kontraste: hier mit Nijmegen eine Stadt, die auf römischen Mauern steht, dort die populären Seebäder. Die »groten riviere«, die Flüsse Maas, Rhein, Waal und Lek im Vielstromland, trennen nicht nur geographisch das Land in einen »Süden« und einen »Norden«, sondern bilden auch eine kulturelle und kulinarische Grenze. Die Städte im Süden sind nicht so streng erbaut, dafür sind hier die Gardinen zugezogen. Im Norden bleiben sie meist offen – damit der Nachbar ja nicht denkt, man habe etwas zu verbergen. Im Süden ist die Speisekarte abwechslungsreicher, wird phantasievoller gekocht und das bessere Bier gebraut.

LESETIP

Tessa de Loo erzählt die Geschichte von Zwillingen, die getrennt aufwachsen, die eine in Holland, die andere in Deutschland, und die sich nach dem Krieg als 74jährige wiedersehen. In diesem Buch **Die Zwillinge** (Goldmann Verlag) beschreibt sie, wie die Frauen sich voneinander entfremdeten – ähnlich der Geschichte und Kultur der zwei Nachbarländer. Nie zuvor wurden in einem holländischen Roman Deutsche so kultiviert und warmherzig beschrieben wie hier.

Schwierige Nachbarschaft

Wie ein Bruder, der in einer anderen Umgebung aufwächst, so ist der Niederländer den Deutschen entfremdet. Der Bestsellerautor Harry Mulisch formuliert das Verhältnis so: »Es ist wie in einem Fahrstuhl, jeder guckt in eine andere Ecke, und jeder ist froh, wenn er wieder aussteigen kann.« Aus einer 1994 veröffentlichten Umfrage der Universität Münster geht hervor, daß die Deutschen wesentlich positiver über Holländer denken als umgekehrt. Drei Viertel der Befragten finden Holländer sympathisch, bei den Holländern sind es nur 43 Prozent. Die meisten Niederländer halten demnach Deutsche für arrogant, herrschsüchtig und rechthaberisch – in dieser Reihenfolge. Allen Bemühungen zum Trotz – Deutschsprachige sind vor allem unter jungen Holländern unbeliebt; eine Abneigung, die auf Vorurteilen und Klischees beruht, die in den Medien wie Gebetsmühlen heruntergeleiert werden. Da Deutsche zu Millionen ins Land kommen, passen einige von ihnen allerdings auch wirklich ins Klischee des »arroganten, dicken, biertrinkenden Moffen«. Von Gästen wird erwartet, daß sie zurückhaltend auftreten, nicht mit DM bezahlen und Holländer nicht sofort in Deutsch ansprechen. Auch das Königshaus hat sich für eine Versöhnung mit Deutschland eingesetzt. Königin Beatrix erhielt dafür 1996 den Karlspreis.

Die Tulpe – Symbol für Reichtum

»Sie waren Ausbeuter, die im Morast lebten, selbst den Läusen gönnten sie nichts, aber sie verwandelten ihre Sümpfe in Gärten«, so charakterisierte der französische Kardinal Richelieu die Holländer. Aus den Worten des Pariser Kirchenfürsten spricht Bewunderung, denn in jener Epoche, als Europa durch Glaubenskriege verwüstet wurde, waren die Niederlande ein Zufluchtsort, galten für die Holländer nur drei Maximen: eine starke Flotte, Freiheit und Tulpen. Jenes Zwiebelgewächs zählt nicht nur zu den Wahrzeichen des Landes, sondern war im »Goldenen Jahrhundert« auch das Statussymbol der Kaufleute. Die Geschichte der Tulpe, die erst im 16. Jahrhundert nach Europa kam, ist ebenso wie die des Landes eine Erfolgsstory.

Herrscher der Meere und Europas Meistermaler

Mehr als 100 Jahre lang sollte die Republik Holland die sieben Weltmeere beherrschen. Das Meer, das den Reichtum brachte, das Wasser, dessen man sich zu erwehren hat, und die Malerei der Alten Meister – sind die Eckpfeiler der nationalen Identität.

Der Leuchtturm des ehemaligen Fischernestes Marken in Altholland wacht über das Ijsselmeer. Der malerische Ort, einst eine Insel, ist heute bequem über einen Damm zu erreichen.

Zwischen 1580 und 1800 sollen hier etwa acht bis neun Millionen Bilder gemalt worden sein. Die Niederlande waren im 17. Jahrhundert das reichste Land Europas, voller politischem wie wirtschaftlichem Elan, und die Bürger wollten ihren Wohlstand auch mit Gemälden dokumentieren. Zwischen Grob- und Feinmalern wurde unterschieden: Feinmaler wie Rembrandt waren spezialisiert, etwa auf Stilleben, Landschaften, Porträts. Die führenden Vertreter der niederländischen Malerei waren im katholischen Süden Rubens und im Norden Rembrandt. Weitere Meister des 17. Jahrhunderts waren Frans Hals, Jan Vermeer van Delft und Jan Steen. Ihre Arbeiten, mit denen sie die europäische Kultur beeinflußt haben, findet man heute in den Museen in Amsterdam, Haarlem, Den Haag. Im 19. Jahrhundert machten G. H. Breitner, Jozef Israëls und Johan B. Jongkind von sich reden. Vincent van Gogh wurde erst nach seinem Tod (1890) berühmt. Zu den bedeutendsten Malern der Moderne gehört Piet Mondrian, der mit Theo van Doesburg Mitbegründer der »De Stijl«-Gruppe ist, die in erster Linie die Architektur beinflußt hat. Nach dem Krieg wird die Gruppe »Cobra« bekannt.

Heute sind die Niederlande im Umbruch: Jugendarbeitslosigkeit, Fremdenfeindlichkeit, Sorgen mit der Landwirtschaft, Zersiedelung der Landschaft, Umweltprobleme. Dieses Land mit seiner großen Vergangenheit existiert, weil es sowohl kleinbürgerlich als auch multikulturell ist. Es ist ein paradoxes Land, und das macht es so faszinierend.

Eines der »Wahrzeichen« der Niederlande: Zur Tulpenblüte verwandeln sich die Felder in schier endlose Farbteppiche – ein regelrecht »blendender« Anblick.

Nichts einfacher, als ins Nachbarland zu reisen: entweder mit dem Auto, wie die meisten Besucher, oder mit Bahn oder Flugzeug. Grenzkontrollen gibt's keine.

Mit dem Auto Über gutausgebaute Fernstraßen und Autobahnen sind die Küste, die »Randstad« und Amsterdam problemlos zu erreichen: von Süden über die A 8/E 52, von Westen (Köln) über die A 57/E 31, aus Richtung Hamburg/Berlin über die A1/E22. Auf den Straßen gelten Geschwindigkeitsbegrenzungen: auf der Autobahn 120 km/h, auf Landstraßen 100 km/h und innerhalb geschlossener Ortschaften 50 bzw. 30 km/h. Und die Polizei kontrolliert! Rund um die Uhr zum Beispiel auf der Autobahn Utrecht–Amsterdam.

Bei Pannen kann man auf die Hilfe der **ANWB-Straßenwacht**, dem niederländischen Pendant zum ADAC, zählen (Tel. 06/08 88). Beachten Sie, daß in den Niederlanden bei Unfällen das Recht des Schwächeren gilt. Sollte es mit einem Fußgänger oder Radfahrer zu einem Unfall kommen, so erhält meist der Autofahrer die Schuld – auch wenn er vermeintlich (etwa bei Ampelrot) im Recht ist. Rechnen Sie damit, daß sich Radfahrer »unorthodox« verhalten können. Es ist allgemein unüblich und gilt als aggressiv, Radfahrer zur Seite zu hupen. Wenn in einer schmalen Straße entladen wird, müssen Sie sich auf eine Wartezeit einstellen.

Mit der Bahn Allein neun EC/IC-Direktverbindungen bestehen zwischen Köln (über Utrecht) und Amsterdam, Den Haag, Rotterdam, drei Verbindungen zwischen Berlin und Amsterdam und fünf zwischen Hannover/ Osnabrück und Amsterdam.

Mit dem Flugzeug Der internationale Flughafen Schiphol liegt am Stadtrand von Amsterdam. Täglich mehrere Flugverbindungen mit allen europäischen Städten. Von Schiphol fahren alle 15 Minuten Züge nach Amsterdam, Den Haag oder Rotterdam.

Mit dem Taxi zahlt man für die Strecke nach Amsterdam zwischen 55 und 60 hfl., mit dem KLM-Bus 17,50 hfl., nach Den Haag um 90 hfl. Direkt im Flughafen übernachten können Sie im **Terminal Hotel** (Tel. 0 20/6 04 13 39, 45 Zimmer, Mittlere Preisklasse).

Schiphol Auskunft
Tel. 06/35 03 40 50

Fluggesellschaften
Austrian Airlines
Tel. 0 20/6 01 56 31
KLM Tel. 0 20/4 74 77 47
Lufthansa Tel. 0x20/6 68 58 51
Swissair Tel. 0 20/6 01 56 31
Schiphol Tel. 09 00/5 03 40 50

Radfahrer entdecken Holland

am »holländischsten« – ansonsten verbindet ein dichtes Bus- und Bahnnetz alle Orte. Und Autofahrer kommen sowieso überall hin.

Auto Das Auto ist in den meisten Fällen noch immer das Verkehrsmittel, mit dem man am unproblematischsten sein Ziel erreichen kann. Im ganzen Land besteht Anschnallpflicht. Die Polizei hat vom Justizministerium den Auftrag erhalten, noch mehr Kontrollen durchzuführen. In allen Innenstädten ist Parkraum knapp und teuer, in den meisten gibt es keine Parkuhren mehr, sondern Parkautomaten, aus denen man sich Parkscheine ziehen muß. Gefürchtet und teuer sind die Radklemmen (**wielklem**). Sie werden angeschraubt, wenn die Parkzeit abgelaufen ist. Gebührenpflichtig ist das Parken auch in Strandnähe und **am Wochenende**, u. a. in Zandvoort, Scheveningen oder Bergen aan Zee.

Bahn Mit der Bahn erreicht man bequem und schnell alle sehenswerten Ziele. Das regionale Busnetz verbindet dann alle Dörfer, Badeorte und Städte untereinander. Zwischen Amsterdam, Rotterdam und Utrecht verkehren auch Nachtzüge.

Im Bahnverkehr gibt es zahlreiche verbilligte Angebote und sogenannte Kombinatstickets; zum Beispiel den Wochenendrückfahrpreis mit 40 Prozent Ermäßigung (Freitag bis Sonntag). Mit dem »Euro Domino Plus« können Reisende an drei, vier oder zehn Tagen alle Züge und öffentlichen Verkehrsmittel nutzen. Drei Tage kosten 105 DM (Erw., 2. Klasse), erhältlich bei der Deutschen Bahn (DB). Mit der **Tagesnetzkarte** (58 hfl.) kann man kreuz und quer durchs Land reisen. Die Fahrkarten sind an allen Schaltern erhältlich. An 100 Bahnhöfen können Räder (Tagesmiete 8 hfl., die Karte »huurfiets« muß mit der Fahrkarte gekauft werden, 50 hfl. Kaution) gemietet werden. Innerhalb des Landes können in bestimmten Zügen auch eigene Räder mitgenommen werden. Im Juli und August ist das auf jeden Fall möglich. Eine Tageskarte kostet ca. 25 hfl.

Behinderte erhalten Hilfe und Auskünfte unter der Nummer 0 30/2 35 55 55, Mo–Fr 9–16 Uhr.

Reise-Auskunft
Niederländische Eisenbahnen
Tel. 022 34/27 30 35

Treintaxi An 81 Bahnhöfen stehen sogenannte **Treintaxen**. Will man am Ziel das Bahntaxi benutzen, muß man gemeinsam mit der Fahrkarte ein Ticket für das Treintaxi kaufen (Einheitspreis 7 hfl.). Dieses Bahntaxi fährt Sie zu Ihrer Adresse am Bestimmungsort täglich von 7 Uhr morgens bis zum letzten Zug. Der Nachteil: Es werden stets mehrere Fahrgäste mitgenommen, dadurch können Wartezeiten entstehen.

Leihwagen Wollen Sie für die gesamte Dauer Ihres Aufenthalts einen Leihwagen mieten, empfiehlt es sich, schon daheim ein Auto zu reservieren. Wer nur für einige Tage oder ein Wochenende in Holland einen Wagen haben will, sollte sich nach den nationalen Tarifen erkundigen, die sind günstiger als die internationalen. Leihwagen gibt es in allen Orten, Auskunft über die örtlichen Verkehrsvereine.

Wem die Stunde schlägt… der sollte seinen Wagen besser wegfahren: Überschrittene Parkzeiten bestraft die Polizei nämlich gerne mit Radkrallen, die die Weiterfahrt unmöglich machen – ein teurer »Spaß«…

Öffentliche Verkehrsmittel Die wichtigsten Verkehrsmittel sind Straßenbahnen (**Tram**) und Busse. Amsterdam und Rotterdam haben eine U-Bahn (**Metro**), Einzelfahrschein 3 hfl., preiswerter sind die übertragbaren **strippenkaarten** zu 11,50 hfl. und 33 hfl.; sie sind im ganzen Land gültig. Es gibt auch Tages- oder Mehrtageskarten, erhältlich bei Zeitungs- und Tabakhändlern, bei den Verkehrsbüros (VVV) in Bahnhöfen.

Auskunft
Tel. 06/92 92 (ca. 75 Cent pro Minute)

Interessante und ungewöhnliche Verkehrsmittel sind die **Museumsboote** (mit Glasdach bzw. bei Sonnenschein mit offenem Verdeck) und **Wassertaxis** (für bis zu sechs Personen) in Amsterdam. Bei ersteren kann man eine Grachtenrundfahrt mit Museumsbesuchen verbinden.

Favoriten im Sommer sind Camping oder ein Ferienhäuschen an der See. Doch die Auswahl ist generell groß. In Amsterdam allerdings muß man sich ein gutes Hotel leisten können.

Alle Hotels, Pensionen und Campingplätze sind nach der Benelux-Hotel-Klassifizierung eingeteilt. Die Skala reicht vom einfachen Hotel bis hin zum Fünf-Sterne-Luxushotel. Das Frühstück besteht in der Regel aus Eiern, Käse, Wurst, Milch, Müsli, Tee und Kaffee. Am Abfahrtstag müssen Zimmer um 11 Uhr geräumt sein. Eine Besonderheit in Amsterdam: Am Wochenende zahlt man in Häusern der mittleren Preisklasse meist einen höheren Preis, Luxushotels gewähren dann oft Rabatt. Für die Sommersaison, zu Ostern, wenn die Blumenfelder blühen, und an allen Festtagen ist rechtzeitige Reservierung unbedingt notwendig.

Nationaal Reserveringscentrum (NRC)
Postbus 404
2260 Leidschendam
Tel. 0 70/3 20 25 00
Fax 3 20 26 11
Einige Hotels haben sich zu Gruppen zusammengeschlossen:
Familie Hotels
Buchung über NRC
Holland Hotels (Mittelklasse)
Postbus 432

Sommerfrische mit Tradition: Das charmante Strandhotel in Domburg ist Teil des ältesten und nobelsten Badeortes der Niederlande. Wer hier absteigt, hat das nötige Kleingeld.

1400 AK Bussum
Tel. 0 35/6 94 98 45
Bilderberg Group (Komfort)
Postbus 145
6870 AC Renkum
Tel. 03 17/36 22 22, Fax 31 60 65

Camping Schätzungsweise 2500 Campingplätze stehen zur Auswahl, mit hoher Konzentration an der gesamten Küste. Damit dem Gast die Qual der Wahl erspart bleibt, hat NBT in Köln 118 Plätze (Prospekt »Camping«) ausgesucht. Wildes Campen ist verboten und wird mit Geldbußen von 170 hfl. an aufwärts geahndet. Ideal für Wanderer und Radfahrer sind die Holzhütten (**Trekkershutten**), Reservierung über NRC.

Ferienhäuser und Bungalows Man findet sie vor allem auf den Inseln, in den Provinzen Brabant, Friesland und an der Nordseeküste zwischen Schoorl und Zeeland. Die hübschen Unterkünfte sind meist schnell ausgebucht.

Jugendherbergen gibt es in allen größeren Städten. Eine Übernachtung mit Frühstück kostet zwischen 20 und 24 hfl.
Auskunft:
NJHC ■ d 6, Klappe hinten
Prof. Tulpplein 4
1018 GC Amsterdam
Tel. 0 20/5 51 31 55,
Fax 6 23 49 86

Hotels sind bei den einzelnen Orten im Kapitel »Sehenswerte Orte und Ausflugsziele« beschrieben.

Die Preise gelten für eine Übernachtung im Doppelzimmer für zwei Personen mit Frühstück.
Luxusklasse ab 320 hfl.
Obere Preisklasse ab 225 hfl.
Mittlere Preisklasse ab 150 hfl.
Untere Preisklasse um 100 hfl.

MERIAN-TIP

Trekkershutten sind der Renner in Holland. Die hölzernen Wanderhütten sind vor allem für Rundreisen geeignet, denn man findet diese zehn Quadratmeter großen Häuschen überall – von Friesland über Gelderland und Zeeland bis nach Limburg. Alle Hütten verfügen über die gleiche Einrichtung: zwei Stockbetten, ein Tisch mit vier Stühlen, ein Gaskocher. Gegen eine geringe Gebühr werden auch Töpfe und Geschirr zur Verfügung gestellt. Die Hütten kosten pro Tag ca. 52,50 hfl. (Rechtzeitige!) Reservierung bei NRC, Abt. Trekkershutten, Postfach 404, NL-2260 AK Leidschendam, Tel. 0 70/3 20 25 46, Fax 3 20 26 11

Die asiatische Küche ist überall stark vertreten und ausgesprochen beliebt. Lust auf einheimische Klassiker? Dann versuchen Sie mal Bitterballen und rohen Hering ...

»Mama, was essen wir?« fragen die Kinder, wenn sie Hunger haben. Und seit dem »Goldenen Zeitalter« lautet die Antwort: »Kartoffeln, Gemüse und Fleisch«. Die holländische Küche ist bislang nicht – wie etwa die italienische oder belgische – für ihre verfeinerte Kochkunst bekannt. Die Zeiten ändern sich jedoch, und der gastronomische Rückstand wird mit Riesenschritten aufgeholt. Das einzige typische Gericht, das sich seit Generationen behauptet und noch immer als »urholländisch« gilt, ist saurer Hering. Mittlerweile ist der rohe Hering eine Delikatesse, und selbst Meisterköche servieren ihn eiskalt als Vorspeise.

Die Küche der Niederlande steht im Umbruch und zeichnet sich inzwischen durch Vielfalt und Variationsreichtum aus. Immer mehr Köche und Köchinnen studieren in Flandern (dort wurde wegen des großen Andrangs ein Numerus clausus für Niederländer eingeführt) die hohe Kunst der Gastronomie. Mit der Kochkunst will man wieder an die traditionsreiche Küche des »Goldenen Zeitalters« anknüpfen, wie

Platz ist in der engsten Straße: Für ein paar Stühle vor der Kneipentür reicht's immer – frische Luft ist schließlich gesund! Und Fußgänger müssen zur Not eben auf die Fahrbahn ausweichen ...

sie auf den bekannten Bildern der Alten Meister zu sehen ist. Phantasievoll und abwechslungsreicher als heute muß sie gewesen sein, mit all den Gewürzen, den Pasteten, dem Wildbret, den Fischen, den Hummern und Muscheln. Die respektierteste Gourmetkritikerin des Landes, Wina Born, resümierte im September 1994 nach 45 Jahren Restauranterfahrung voller Resignation: »Jedes Volk erhält die Küche, die es verdient. Auch ich habe es mit meinen Beiträgen nicht geschafft, Essen in diesem Land auf ein höheres Niveau zu bringen. Holländische Küche wird nie Spitze sein.« So sollte man sich auf das einstellen, was auch Niederländern schmeckt.

Spezialitäten und Eßgewohnheiten

Die Einheimischen lieben Milchprodukte aller Art (Käse, Yoghurt etc.), essen gerne Fleisch, viel Gemüse, Kartoffeln und laut Statistik 160 Eier pro Kopf. Das **Duitse biefstuk** ist eine Frikadelle. Bekannt sind die Suppen-Eintöpfe, etwa **Hutspot** (Möhren, Zwiebeln, Rindfleisch) oder **Erwtensoep** (Erbsensuppe) mit Schwarzbrot. Köstlichkeiten wie Spargel, Hummer, Muscheln oder Austern, die in Zeeland gezüchtet werden, findet man selten auf den Speisekarten normaler Restaurants – diese Produkte werden noch immer lieber exportiert.

Der Tag beginnt mit einem üppigen **Frühstück**, das meist aus Käse, Eiern, Milch, Kaffee oder Tee besteht. Es gibt verschiedene Sorten Brot, das häufig sehr weich ist, und natürlich Rosinenbrot oder -brötchen. Der Holländer liebt es süß und bestreicht Brot und Brötchen mit **Pindakaas** (Erdnußbutter) oder bestreut sie mit bunten Zucker- oder Schokoladenstreuseln.

Ein warmes Mittagessen ist unbekannt. Der Lunch besteht meist aus belegten Broodjes, dazu trinkt man Milch, Tee, Kaffee oder Buttermilch, die es selbst bei offiziellen Empfängen gibt.

Die Hauptmahlzeit wird am Abend eingenommen – und die besteht in der Regel aus Fleisch oder Fisch, Salat, Gemüse und Kartoffeln. Aber inzwischen wird auch exotischer gekocht, etwa chinesisch oder italienisch.

Eine Besonderheit sind die **Borrelhappjes**, Happen, die man »gegen den kleinen Hunger zwischendurch« ißt: **Bitterballen** (mit Senf), **Poffertjes** (in Fett gebackene Pfannküchlein), **Bamiballen**, Frikadellen, belegte Brötchen und natürlich Pommes frites. Spitzenreiter sind die warmen Kroketten, die man in den Imbißstuben aus Automaten an der Wand zieht. »Essen aus der Mauer« nennt man das hier.

Die Küchen der Welt

In Holland kann man sozusagen »in allen Sprachen« essen. Die Auswahl an griechischen, karibischen, italienischen oder surinamischen Restaurants ist groß. Kaum ein Ort im Land, der nicht seinen »Dorfchinesen« hat. Beeindruckend ist die Auswahl an Küchen aus dem asiatischen Raum – die indonesische unterliegt großen Qualitätsschwankungen. Beliebt ist die Reistafel, die allerdings eine Erfindung der Holländer ist. Da man die Menge der süß-sauren, scharfen indonesischen Gerichte immer als zu groß empfunden hatte, kam man auf die Idee, die einzelnen Gerichte in kleinere Portionen aufzuteilen, und die Reistafel mit bis zu 15 verschiedenen Gerichten war geboren. Man trinkt dazu Tee, aber auch Bier und in besseren Restaurants Wein. Als Faustregel gilt: In Den Haag ißt man beispielsweise besser indonesisch als in Amsterdam, in Amsterdam hingegen sind die »Chinesen« wieder besser, während im allgemeinen das Preis-Leistungs-Verhältnis in der Hauptstadt schlecht ist. Immer beliebter wird die japanische Küche, und der Trend zu frischen Fischgerichten verstärkt sich.

Getränke

Das beliebteste Getränk ist Kaffee – statistisch gesehen trinkt jeder Niederländer 176,5 Liter pro Jahr, und der Verbrauch steigt weiter; es folgen Tee (86,5 l), an kalten Getränken sind Bier (83 l), Erfrischungsgetränke (76,6 l), Milch (74 l), Wein (15,9 l), Schnäpse (6 l) und Schokoladenmilch (4,5 l) populär. Die größte Brauerei des Landes ist noch immer **Heineken**, aber die Pilssorten der Brauereien aus Limburg und Brabant werden immer beliebter. Einen wahren Siegeszug haben die Spezialbiere aus dem Nachbarland Belgien angetreten. Die populärste Marke ist das obergärige Antwerpener Bier »De Koninck«. Die größte und gepfleg-

Schluck für Schluck eine Freude für die Sinne: In den traditionellen Probierstuben können Sie Wein, Bier und/oder Schnaps in stilvollem Ambiente genießen.

teste Auswahl an Bieren wird in den Gasthäusern/Kneipen der **Alliantie van Bier Tapperijen** (A.B.T., Postbus 58, 2924 Ab Krimpen) gezapft.

Unter dem Namen **Corenwijn** versuchen die Brennereien den Ruf des Genevers aufzuwerten. In Friesland gibt es als Spezialität den Kräuterschnaps **Beerenburger**, beliebt ist auch der Eierlikör **Advocaat**.

120 Sorten Pfannkuchen

Die Restaurants mit den höchsten Ansprüchen haben sich zur Kette **Alliance Gastronomique Néerlandaise** zusammengeschlossen. Gute niederländische Küche versprechen jene Restaurants, die im Club **Neerlands Dis** (Symbol ist die Suppenterrine) vereinigt sind. Empfehlenswert sind auch die **Dagschotels**, Tellergerichte (um 20 hfl.), die oft in den typischen und geselligen **Eetcafés** angeboten werden. Außer den Eetcafés, in der Regel handelt es sich dabei um die traditionsreichen **bruinen Cafés**, gibt es die modernen **Grand Cafés** und die historischen Probierstuben, die **Proeflokaale**, in denen man Schnaps, Wein und Bier trinken kann. Landesweit gibt es mehr als 100 Pfannkuchen-Häuser, die sich auf die Herstellung von Omeletts spezialisiert haben. Eine Gratisbroschüre verschickt VVV Gelderland (Postbus 142, 6860 AC Oosterbeek, Tel. 0 26/ 3 33 20 33).

Restaurants sind bei den einzelnen Orten im Kapitel »Sehenswerte Orte und Ausflugsziele« beschrieben.

[redacted]

Die Preise beziehen sich jeweils auf ein Menü ohne Getränke.
Luxusklasse ab 45 hfl.
Obere Preisklasse ab 30 hfl.
Mittlere Preisklasse 20 bis 30 hfl.
Untere Preisklasse um 15 hfl.

MERIAN-TIP

Unschlagbar preiswert sind die **Pfannkuchenhäuser**. Ein Pfannkuchen-Menü gibt es ab 14.50 hfl. In den **Banketbakkerijen**, Bäckereien, gibt es warme **Saucijzebroodjes**, in Blätterteig gebackene Würstchen, für etwa 3 hfl. An den **Fischständen** wird gebackener Fisch, Kibbeling oder Lekkerbek, angeboten. Empfehlenswert sind auch die belegten Brötchen, die man in den **Broodjeszaken** bekommt. Auch die **Bahnhofsrestaurants**, Restauraties, bieten preiswerte »Monatsteller«, etwa zeeländische Fischgerichte, Wildpfeffer oder Cajun-Schnitzel für rund 16 hfl. an.

Winkeltje nennen sich die kleinen Läden. Dort gibt's Antikes oder Holzschuhe, Käse oder Schokolade, Blumen oder Delfter Porzellan.

Der Handelsgeist der Holländer ist sprichwörtlich, da wird selbst das Einkaufen zum Erlebnis. Kein Mangel herrscht an Modeläden, Boutiquen, Kaufhäusern oder Märkten – interessant etwa der tägliche Waterloomarkt in Amsterdam, die Wochenmärkte von Maastricht oder Groningen, die zahlreichen Antiquitäten- und Buchmärkte. Ob in Handarbeit gefertigte Holzschuhe, kostbare Gemälde, liebenswerter Schund oder feine Bonbons, stets wird man eine große Auswahl an allem finden. Selbstbewußt wie Holländer sind, lassen sie allerdings wenig mit sich handeln. Die Preise entsprechen etwa denen in der Bundesrepublik. Beliebt als Souvenirs sind insbesondere Blumen, Blumenzwiebeln und alle Arten von Grünpflanzen, die außerdem auch preiswerter als daheim sind.

Die Boutiquen der ausgefallensten Modedesigner findet man in Amsterdam. Eine große Auswahl an Büchern, Kunsthandwerk und Antiquitäten zu angemessenen Preisen kann man ebenfalls in Amsterdam entdecken, aber auch in Den Haag, Utrecht oder Haarlem. Echte Antiquitäten sind rar und teuer, und die sollte man nur in seriösen Geschäften und nicht auf Märkten kaufen. Diamanten kauft man am besten in Amsterdam. Dabei sollte man auf einem Zertifikat bestehen, das die Lupenreinheit garantiert.

Delfter Porzellan

Delft ist bekannt für seine handgemalten Fayencen. In der dortigen **Porceleyne Fles** wird die Herstellung demonstriert. Außer dem klassischen Delfter Blau gibt es Fayencen der grünen, roten

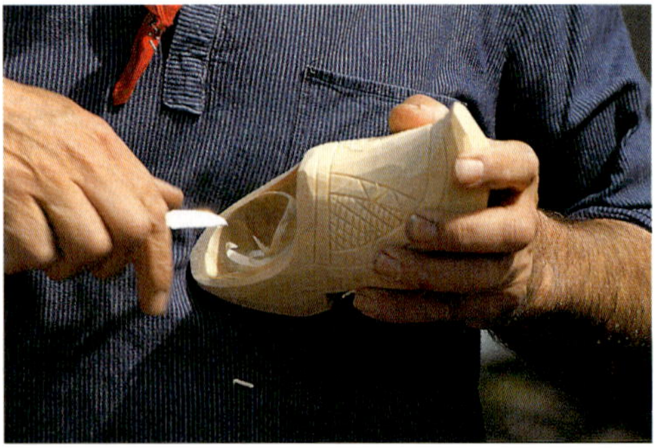

Holzschuhe sind nach wie vor begehrte Mitbringsel – doch Sie sollten genau hinsehen: Nicht jeder »echte Klompen« ist tatsächlich handgeschnitzt

oder polychromen Familie. Eine weitere Fabrik steht im friesischen Makkum. Der weitaus größte Teil von Delfter Blau ist nachgemachte, preiswerte Souvenirware, das gilt aber auch für zahlreiche holländische Kacheln, Art-déco-Artikel und Gemälde.

Kulinarische Spezialitäten

Typisch holländisch sind nicht nur Haagse Hopjes (kandierter Kaffee-Ersatz), ausgefallener Modeschmuck und Schokoladenbuchstaben, typisch holländisch ist auch das unglaubliche Angebot an Käse, den es in zahlreichen Reifestufen und Sorten gibt. Auf den Wochenmärkten findet man Käsestände, die ein reichhaltiges Sortiment bieten. Auch in den Warenhäusern, etwa bei **Hema**, wird Käse verkauft, dort ist er zwar preiswerter, aber die Auswahl ist kleiner. Am schönsten ist es, den Käse in Gouda, Edam oder Alkmaar direkt zu kaufen, wo regelmäßig Käsemärkte stattfinden.

Auch Bäckereien können zur Versuchung für die Sklaven der heimischen Badezimmerwaage werden. Da stapeln sich die bunten Kästen und Dosen mit Mandelbrot, Boterletters und Honigkuchen, da gibt es Sandplätzchen, farbenfrohe Törtchen und natürlich Spekulatius, ein überaus schmackhaftes Souvenir, das man hier nicht nur zur Weihnachtszeit bekommt. Gedankenverloren und zum Klang eines Glockenspiels kann man dann zu Hause am Spekulatius knabbern, bis die Erinnerung mit dem letzten Bissen verkrümelt ist.

Ladenöffnungszeiten

Die Geschäfte sind in der Regel montags bis freitags von 8.30 oder 9 Uhr bis 18 oder 18.30 Uhr und am Samstag bis 16 oder 17 Uhr geöffnet. Am Montag öffnen manche Geschäfte erst ab 13 Uhr. Längere Öffnungszeiten am Abend gibt es in den Städten meist am Donnerstag, in kleineren Orten häufiger am Freitag, Ladenschluß ist dann um 21 Uhr. Die sogenannten **Abendläden** haben von 16 bis 24 Uhr geöffnet. In Städten, etwa Amsterdam, haben Warenhäuser und einige Läden sonntags (12–17 Uhr) und werktags bis 20 Uhr geöffnet.

Wechselstuben

Ein steter Stein des Anstoßes sind die zahlreichen kleinen Wechselstuben, die zum Teil horrende Kommissionen oder schlechte Kurse berechnen. Wenn Sie dort tauschen wollen, fragen Sie unbedingt vorher, wie viele Gulden Sie netto erhalten! Seriös werden ausländische Währungen von GWK (Grenzwechselstuben) umgetauscht. Man findet GWK-Büros in 35 Bahnhöfen und an 20 größeren Grenzübergängen. Am günstigsten ist es immer noch, Sie bringen sich Gulden von zu Hause mit. Auch Hotels dürfen nur noch begrenzt fremde Valuta umtauschen – Maßnahmen auch zum Schutz des Touristen.

Buddeln am Strand, ein Ausflug in den Märchenpark oder ins Freilichtmuseum – und irgendwo ist immer ein Jahrmarkt: Kinder kommen in Holland bestimmt nicht zu kurz!

Muscheln und Austernschalen, die Zehntausende von Jahren alt sind, oder gar ein tiefschwarzer, drei Millionen Jahre alter Haifischzahn? Diese Fossilien können Kinder, die eifrigsten aller Sammler, an der holländischen Nordseeküste mit etwas Glück finden. Versteinerte Muscheln, Schneckenhäuser, Eierschalen von Haien oder Tintenfischschilde sind die Überreste von Tieren, die vor Millionen von Jahren in der Nordsee gelebt haben, als das Eis der Gletscher schmolz. Ein Tip: Um sicher zu sein, daß eine Muschel tatsächlich Zigtausende von Jahren alt ist, muß man sie unters Licht halten: Fossilien schimmern nicht durch.

Im Meer planschen, mit Sand bauen oder mit dem Rad durch die Dünen auf Wegen radeln, macht auch Spaß.

Eine ganze Reihe von Märchen- und Erlebnisparks, die thematisch von der künstlichen Prähistorie bis zu Tropenlandschaften reichen, halten Überraschungen für Kinder bereit. Abgesehen von diesen Freizeitparks gibt es noch zahlreiche Tierparks und natürlich jene Museen, in denen man sich besonders auf die Interessen der Kinder eingestellt hat: zum Beispiel die **Schiffahrtsmuseen** in Amsterdam (→ S. 46) und Rotterdam (→ S. 81). Wer sehen will, wie es in einer richtigen Mühle zugeht, reist nach Kinderdijk oder ins Freilichtmuseum nach Arnheim. Ein weiteres Freilichtmuseum steht in Enkhuizen. In dem Fischerdorf kann man Bootsbauern oder Aalräucherer bei der Arbeit zusehen. Jahrmärkte finden immer irgendwo statt, es gibt mehr als 2000 im Land.

Attraktionen für alle: Nachdem sich die Eltern am Käsemarkt von Alkmaar »sattgesehen« haben, sind die Kinder dran – eine Runde mit dem Mini-Flitzer in der Langestraat ist für die Kleinen das Größte.

Artis ■ e 5/f 5
Der Amsterdamer Zoo gehört mit einem Bestand von mehr als 7000 Tieren zu den größten auf der Welt.
Plantage Kerklaan 38–40
Tgl. 9–17 Uhr
Eintritt Erwachsene 20 hfl.,
Kinder 12 hfl.

Burger's Dierenpark ■ D 4
Das Abenteuer Zoo unterm Dach: Regenwald, Wüste und viele Tiere.
Schelmseweg 85, Arnhem
Tgl. 9–17 Uhr, April–Sept. bis 19 Uhr
Eintritt Erwachsene 23.50 hfl.,
Kinder 18.50 hfl.

Duinrell ■ B 3
Erlebnispark im Dünengürtel mit der längsten Wasserrutsche der Welt.
Duinrell 1
Wassenaar
27. März–30. Okt. tgl. 10–17 Uhr
Eintritt 26 hfl.

Efteling ■ C 4
Märchenpark für die ganze Familie.
Europalaan 1, Kaatsheuvel
Tel. 0 416/27 35 35 und 28 81 11
27. März–26. Okt. tgl. 10–18 Uhr
Eintritt 35 hfl.

Land van Oit ■ C 4
Spiel- und Theaterpark mit Rittern, Edelfrauen und Räubern.
Parklaan 40 (Noord-Brabant)
Drunen
Tel. 04 16/37 77 75
26. April–14. Okt. tgl. 10–17.30 Uhr
Eintritt Erwachsene 22.50 hfl.,
Kinder 19 hfl.

Madurodam ■ B 3
Hollands Miniaturlandschaft.
George Madurodamplein, Den Haag
Tel. 0 70/3 55 39 00
1. April–30. Sept. tgl. 9–22 Uhr und
1. Okt–31. Dez. 9–17 Uhr
Eintritt Erwachsene 19.50 hfl.,
Kinder 14 hfl.
Parkplatz 5 hfl.

Spielland Beekse Bergen ■ C 5
Eine der größten Spiellandschaften Hollands mit Strandbad, Wasserrutschen und der längsten Kabelbahn Europas.
Beekse Bergen 1
Hilvarenbeek (Noord-Brabant)
Tel. 0 13/5 36 00 32
27. April–30. Juni tgl. 10–17 Uhr
Eintritt 14.50 hfl.

MERIAN-TIP

Wer von seinem Urlaubsort aus Zoos und Vergnügungs- oder Freizeitparks, Museen oder sehenswerte Städte besuchen will, der sollte auf die **Rail Idee** der Eisenbahnen (NS) zurückgreifen. Man findet sie in dem Buch »Er-op-Uit« auf rund 250 Seiten aufgelistet (nur in Niederländisch) oder erfragt sie bei der Auskunft oder den Fahrkartenschaltern. Mit der Rail Idee spart man 20 Prozent des Fahrpreises und erhält Rabatt auf die Eintrittspreise. Wer nur einen Tag lang unbegrenzt mit der Bahn durchs Land reisen und aussteigen möchte, wo er will, kauft eine Tageskarte für 2 Personen für 100 hfl.; Kinder bis zwölf Jahre können für 2.50 hfl. mitfahren.

Hoch im Kurs – nicht nur bei deutschen Gästen – stehen natürlich die Strände. Das Freizeitangebot von Beachvolleyball bis Brandungssurfen ist im »Land unter Null« unbegrenzt.

Die rund 280 Kilometer lange Nordseeküste besteht ausschließlich aus flachem Sandstrand. Die Wasserqualität ist im allgemeinen gut. In der Hochsaison sind die Strände der populären Badeorte wie Bergen aan Zee, Zandvoort, Katwijk, Scheveningen oder jene in Zeeland sehr besucht, an sonnigen Wochenenden meist übervoll. Zelten und Strandburgenbau ist an den Stränden verboten.

Geradezu unerschöpflich sind die Möglichkeiten für Wassersportler. In allen zwölf Provinzen – von Groningen über Friesland bis hin nach Limburg – kann man Boote mieten. Ein Erlebnis kann Motorbootfahren in der Provinz Groningen oder Südholland sein. Ein Führerschein ist nicht erforderlich. Besonders reizvoll sind Fahrten mit dem Kanu in Overijssel. Brandungssurfer kommen sowohl an der Küste als auch auf den Inseln zu ihrem Recht. Beliebt bei Vereinen, Schulklassen oder anderen Gruppen ist das Chartern einer Tjalk, eines Botter oder Schoners – traditionelle Boote der **bruinen vloot**.

Strandkörbe sieht man an fast allen Stränden – »Trostpflaster« für passionierte Burgenbauer: Die Festungen aus Sand, hinter denen sich manche Urlauber gerne verschanzen, sind in Holland nämlich verboten.

Bootscharter

Man mietet sich einen Großsegler der **bruinen vlott** mit Kapitän. Segelreviere sind das Ijsselmeer, die Wattensee, aber auch englische oder französische Küstengewässer. Auskunft:

De Zeilvaart ■ D 2
Stationsplein 3
1600 AD Enkhuizen
Tel. 02 28/31 24 24, Fax 31 37 37

Fahrradfahren

Auch wenn es das Sprichwort gibt »Der Wind kommt immer von vorne«, ist Radfahren (**fietsen**) die einfachste, preiswerteste und auch gesündeste Art, die Ferien hier zu verleben. Wer sein eigenes Rad nicht mitbringt, kann sich Räder in jedem Ort mieten (Informationen bei den örtlichen VVV-Büros), die Tagespreise liegen zwischen 6 und 12 hfl. Einige Vermieter machen einen Preisunterschied zwischen alten und neueren Rädern. Auch die **Niederländische Eisenbahn** (NS) betätigt sich im großen Stil als Fahrradvermieter. An rund 100 Bahnhöfen im ganzen Land können Tourenräder gemietet werden. Gemeinsam mit der Bahnfahrkarte kauft man sich die Treinkaartje für 6 hfl. pro Tag, eine Woche kostet 24 hfl. Auch ohne Fahrkarte können Räder gemietet werden, dann kostet es 8 bzw. 32 hfl. Die Kaution beträgt 50 bzw. 100 hfl. Zweckmäßig ist es, die Räder telefonisch zu reservieren. Gemeinsam mit dem Autobund **ANWB** hat die Bahn 59 Radtouren ausgearbeitet. Sie stehen im Büchlein »Erop-Uit« (4.50 hfl.) auf niederländisch beschrieben. Recht informativ – auch für den Sprachunkundigen – sind die bunten Karten. In dem Buch findet man noch weitere Anregungen für Ausflüge mit der Bahn. Ausreichendes und gutausgearbeitetes Kartenmaterial gibt es in Buchhandlungen und bei den Verkehrsvereinen (VVV). Durchs gesamte Land führen ausgeschilderte Radwege. Ein Arrangement von vielen ist die »Altholländische Städtetour«. Ein ausführlicher Prospekt mit dem Titel »Radfahren« ist beim NBT Köln (Adresse → S. 114) zu bekommen.

MERIAN-TIP

Vielstromland Zu den abwechslungsreichsten Wassersportgebieten gehört das gelderländische Flußgebiet zwischen Rhein, Waal und Maas. Auf der Linie kann man mit dem Kanu, auf den großen Flüssen mit dem Segel- oder Motorboot fahren. Die Seengebiete von De Laar, De Goudenham, De Meent oder von Maurik eignen sich zum Baden und Surfen. Die Deichvorlande und die Naturschutzgebiete von De Oude Rijnstrangen oder De Gelderse Poort sind bevorzugte Wandergebiete.

Golf

Auch in den Niederlanden wird dieser Sport immer populärer. 1994 gab es 80 Golfplätze und 84 000 bei Golfclubs eingeschriebene Mitglieder. Bis zum Jahre 2000 werden noch weitere sechs Golfplätze gebaut. Die meisten Plätze gibt es im großstädtischen Bereich der »Randstad«. Für verhältnismäßig wenig Geld kann man ein **Golf Package** buchen.
VVV Noordwijk, Postbus 1508 ■ B 3
2200 BE Noordwijk
Tel. 0 71/3 61 93 21, Fax 3 61 69 45

Kanu

Besonders reizvoll ist die »Turfroute mit Kanu«, 110 bis 160 km von Friesland nach Overijssel. Auskunft:
VVV Amersfoort,
Postbus 1160 ■ D 3
3800 BD Amersfoort
Tel. 0 33/4 62 22 41

Segeln

Auf den friesischen Seen, den zahlreichen Kanälen und Flüssen, an der Maas, in Zeeland, in Noordholland und am Ijsselmeer liegt eine große Auswahl an Leihbooten (Yachten, Jollen, Kajütboote, Kajak u. a.) bereit. Richtpreise für Motorboote: von 800 bis 1300 DM die Woche.
Auskunft:
Top van Holland ■ D 1
Stationsplein 1
8911 Leeuwarden
Tel. 0 58/2 16 08 54, Fax 2 13 65 55

ANWB ■ B 3
Postbus 93200
BA Den Haag
Tel. 0 70/3 14 71 47

Surfen

Noch stets der populärste Sport. Bevorzugte Surfgebiete: Texel, Zeeland (Oosterschelde), die Nordseestrände von Schoorl, Zandvoort, Katwijk sowie die friesischen Meere.

Freizeitvergnügen vom Feinsten – aber nichts für Drückeberger: Beim Segeln einer Tjalk müssen alle mit Hand anlegen.

Nationalstolz und Tradition

bestimmen die Festtage und Festivals – und die gibt es das ganze Jahr hindurch. Höhepunkt ist der Koninginnendag – dann jubelt auch der Amsterdamer.

Ein Höhepunkt des Festjahres ist das Volksfest zum Geburtstag der Königin am 30. April. Der Koninginnendag gilt als nationaler Feiertag und wird vor allem in Amsterdam sehr ausgiebig gefeiert. An diesem Tag darf auch jeder einen Stand aufschlagen und Trödel, Kleider, Bücher oder anderes verkaufen. Der 30. April ist der größte Freimarkt mit viel Straßenmusik, Kabarett und Tanz. Am 5. Dezember wird die Ankunft von Sinterclaas, dem Sankt Nikolaus, gefeiert. Aber auch »normale« Märkte nehmen in den Niederlanden häufig Festcharakter an. Neben so bekannten Veranstaltungen wie dem Käsemarkt in Alkmaar oder der Blumenauktion in Aalsmeer finden in zahlreichen Orten traditionelle Märkte statt, die inzwischen als touristische Attraktionen veranstaltet werden.

Weil sich die Termine bei den einzelnen Veranstaltungen verschieben können, sind exakte Zeitangaben kaum möglich. Entsprechende Auskünfte gibt es bei den örtlichen Verkehrsämtern (VVV oder NBT, Köln, → Auskunft, S. 114).

Fast schon eine Legende: Im März, wenn die ersten Tulpen erblühen, öffnet auch der berühmte Keukenhof bei Lisse seine Pforten – und Zehntausende strömen herbei, um die üppige Pracht zu bewundern.

Februar
Karneval
In Brabant und Limburg, in Maastricht mit Karnevalsumzügen.

März
Tulpenblüte
Der Beginn der Tulpenblüte wird in Nordholland, in Haarlem und Lisse begangen. Vom letzten Wochenende im März bis Ende Mai hat **Keukenhof** geöffnet.
Tel. 02 52/41 90 34

European Fine Art Flair
Kunstmesse in Maastricht mit rund 140 Antiquitätenhändlern.
Tel. 0 73/6 14 51 65

April
Käsemarkt in Alkmaar
Jeden Freitag von 10–12 Uhr (bis September) findet der Käsemarkt mit rund 12 000 Zuschauern statt.

Blumenkorso
Zwischen Haarlem, Lisse und Noordwijk.
Tel. 0 25 21/43 47 10

Mai
Vlaggestjesdag
Fischerei-Festival, Beginn der Heringssaison in Scheveningen.
Tel. 0 70/3 54 24 02

Stoom in Dordrecht
Historische Dampfschiffe.
Letztes Wochenende im Mai
Tel. 0 78/6 13 28 00

Mühlentag
Tag der offenen Windmühlen, meist um den 11. Mai.
Tel. 0 20/6 23 87 03

Juni
Holland-Festival
Höhepunkt des Festspielkalenders.
Tel. 0 20/627 65 66

Parkpop
Popfestival in Den Haag.
Tel. 0 70/361 88 88

Juli
North Sea Festival
Den Haag, bekanntestes Jazzspektakel Europas (alle Stile).
Tel. 0 15/2 14 89 00
Mitte Juli

MERIAN-TIP

Koninginnendag Nationaler Festtag und größtes Volksfest am 30. April. Beatrix Wilhelmina Armgrad, Königin der Niederlande, Prinzessin zur Lippe-Biesterfeld usw., besucht mit Gefolge einen zuvor ausgewählten Ort. Den ganz großen Festrausch aber erlebt Amsterdam – jeder darf verkaufen, was er will, es wird viel gegessen, getrunken, musiziert und getanzt. Aus dem ganzen Land reisen bis zu zwei Millionen Besucher zum Mitjubeln an.

Lakenfest in Leiden
Die historische Stadt feiert ausgelassen, mit Umzug auf den Grachten, Kirmes und kulinarischen Festzelten, Straßentheater und Musik.
Mitte Juli

Westfriesischer Markt
Ein folkloristischer Handwerksmarkt in Schagen, der jede Woche unter einem anderen Thema steht.
Jeden Do 1. Juli bis 2. September

Sallandser Buttermarkt
Butter und Käse werden hier noch nach überlieferter bäuerlicher Tradition hergestellt.
Raalte, jeden Mi Juli bis August

Straßenfest in Vlissingen
Moderne und klassische Musik auf dem Markt und in den Gassen.
Ende Juli/Anfang August

Mühlentage
Jeden Samstag in Kinderdijk.
Bis Ende August

August
Sneekweek
Traditionelle Segelregatta in den Hafenorten von Friesland.
Tel. 05 15/41 40 96
6 Tage vom 1. Sa im August an

Fischereitag in Katwijk
Im früheren Fischerdorf dreht sich eine Woche alles um den Hering.
Mitte August

Preuvenemint
Großes kulinarisches Fest in Maastricht.
Tel. 0 43/3 21 24 25
Letzte Augustwoche

September
Prinsjesdag
In Den Haag fährt die Königin in der goldenen Kutsche durch die Stadt und eröffnet im Rittersaal des Binnenhofs das parlamentarische Jahr.
3. Di im September

Zeeland Spätsommer Festival
Kulturprogramm auf Bauernhöfen, in Landgütern, Dorfkirchen u. a.
Sept. bis Mitte Okt.
Tel. 01 18/68 82 22

Monumentendag
Offener Tag der Baudenkmäler. Historische Gebäude, die sonst verschlossen sind, öffnen im ganzen Land dem Steuerzahler die Portale.
Tel. 0 20/420 55 57
Meist 2. Sa im September

Oktober
Bauernmarkt
Der größte Kuh- und Pferdemarkt Europas findet in Brink-Zuidlaren (Drenthe) statt.
Tel. 0 50/4 09 23 33
Ende Oktober

November
Kunstmonat auf Ameland
Einen Monat lang steht die Insel im Zeichen moderner Kunst. Im Leuchtturm, in Kirchen, Museen u. a. stellen junge Künstler aus.
Tel. 05 19/54 20 20

Dezember
Weihnachtsmarkt
Ab Mitte Dezember in 's-Hertogenbosch (Brabant).

An der »Spitze Hollands«, wie sich die Provinzen Groningen, Drenthe und Friesland nennen, erwarten Sie spannende Entdeckungen.

Herbe Romantik in zumeist flacher Landschaft – und immer weht der Wind von vorne. Während Friesland als Ferienziel bekannt ist, gilt Groningen als touristisches »Stiefkind«, holt aber mächtig auf. Die Provinz mit der geraden Grenze nach Deutschland und zum Meer ist geprägt von agrarischer Stille. Landschaft und sichtbare Geschichte gelten als Pluspunkte. Wälder, Heide und Hünengräber sind charakteristisch für Drenthe. Frieslands Reichtum ist das Wasser – die Seen und Meere, das Netzwerk von Kanälen. Der Norden lockt mit Ruhe und verführt zum Aktivurlaub, zum Wassersport, zum Radeln und zu ausgedehnten Autotouren. In dieser Landschaft sind die Kontraste zum Greifen nahe: einerseits das lebhafte Seglerzentrum rund um Sneek und Lemmer, andererseits die gottverlassene Gegend mit kargen Sandböden, Heide und viel Landschaft bis zum Horizont. In der Umgebung des Drenther Dorfes Zweeloo malte Vincent van Gogh im November 1883, und hier befindet sich mit Orvelte das schönste Bauerndorf des Landes.

Schnurgerade Kanäle, weidende Schafe – eine friedvolle Idylle, die typisch ist für den Norden des Landes. Wer Natur pur sucht, ist hier richtig.

Groningen ■ E 1

170 000 Einwohner

Die Hauptstadt der gleichnamigen Provinz, seit 1614 Universität, wurde 1084 erstmals erwähnt, war später als Hansestadt eines der wichtigsten Handelszentren Nordeuropas und hatte als Stadtstaat im 15. Jahrhundert ihr »Goldenes Jahrhundert«. Anfang des 17. Jahrhunderts erhielt die Bischofsstadt eine sieben Kilometer lange Stadtmauer. 1594 wurden Groningen und die »Ommelanden« Mitglied der Vereinigten Niederländischen Provinzen. Gegen Ende des Zweiten Weltkriegs erlitt auch Groningen größere Schäden, die freilich längst behoben sind.

Die Stadt hat zehn Kirchen und eine im maurischen Stil des 13. Jahrhunderts erbaute Synagoge. Der weite Marktplatz ist nobler, aristokratischer, als in den Niederlanden üblich, die Ziegel im dunkleren Ton gebrannt, die Atmosphäre vornehmer als die anderer Städte des Landes. Wirtschaftliche Schwerpunkte sind der Handel und das Dienstleistungsgewerbe, der Verkauf von Erdgas hat die Provinz wohlhabend gemacht. Mittelpunkt der Studentenstadt ist der Grote Markt mit seinen vielen Cafés.

Hotels

Doelen ■ b 1
Traditionshaus im Herzen der Stadt, die Zimmer sind zweckmäßig und solide eingerichtet.
Grote Markt 36
Tel. 0 50/3 12 70 41, Fax 3 14 61 12
88 Zimmer
Mittlere Preisklasse

Postiljon Haren
Modernes Haus vor den Toren von Groningen mit 243 Zimmern im Kongreß-Hotelstil. Restaurant, Bar.
Haren, Emmalaan 33
Tel. 0 50/5 34 70 41, Fax 5 34 01 75
243 Zimmer
Mittlere Preisklasse

Sehenswertes

Gasthuizen ■ b 2/c 2
Von den einst 30 Stiften sind vier erhalten geblieben: **Heilige Geest** oder **Pelstergasthuis** (Pelsterstraat) aus dem 13. Jh.; **Jacob en Annen** (Gasthuisstraatje), 1494 gegründet; **St. Geertruidshofje** (Peperstraat), 1405 gestiftet, mit einer Pforte von 1640 und mehreren Innenhöfen; **St. Anthoniegasthuis** (Rademarkt 27) aus dem 16. Jh.

Goudkantoor ■ b 2
Der Name dieses prachtvollen Renaissancegebäudes (1635) stammt aus dem 19. Jh., als hier eine amtliche Prüfstelle für Gold und Silber untergebracht war. Ursprünglich war das Haus am Markt Steuerbehörde.
Grote Markt

Korenbeurs ■ a 2/b 2
Am Fischmarkt, einst ein Binnenhafen, befindet sich die neoklassizistische Kornbörse (1865), eine der bedeutendsten Hollands und die größte Europas.
Vismarkt

Martinikerk ■ b 1
Als romanische Basilikakirche im 13. Jh. mit Ziegeln hochgemauert, wurde das Gotteshaus im 15. Jh., als die Stadt wohlhabend war, im spätgotischen Stil umgebaut. Wandmalereien von 1503 im Chor, die Orgel stammt aus dem 15. Jh. Der 96 m hohe, »olle Grieze« genannte Turm (15./16. Jh.) wurde aus Bentheimer Stein errichtet.
Grote Markt
Glockenspiel: April–Okt.
tgl. 12–16.30 Uhr
Kirche: Juli–Mitte Sept. Do–Sa 12–17 Uhr

Museen

Groninger Museum ■ b 3
Das im Oktober 1994 eröffnete Museum (Architekt: Alessandro Mendini) besteht aus vier Abteilungen: Alte und Moderne Kunst – Schwerpunkte sind die Malerei des 17. Jh., die Haagse School bzw. zeitgenössische Künstler – Archäologie und Stadtgeschichte.
Museumseiland
Di–Sa 10–17, So 13–17 Uhr
Eintritt 9 hfl.

Scheepvaartmuseum ■ a 2
Geschichte der Seefahrt im Norden von 1650 bis heute. In dem gotischen Gebäudekomplex, dem **Gotisch Huis** und dem **Canterhuis**, befindet sich auch das **Tabakmuseum Niemeyer**, es dokumentiert die Tabakkultur Amerikas bis in die Gegenwart.
Brugstraat 24–26
Di–Sa 10–17, So 13–17 Uhr
Eintritt 5 hfl.

Essen und Trinken

De Brasserie ■ c 1/c 2
Das größte Stadtcafé lockt auch am Sonntagmorgen mit einem Frühstück. Man sitzt besonders gemütlich, das Essen ist schmackhaft.
Poelestraat 32
Tel. 0 50/3 13 01 15
Tgl. 10–2 Uhr
Untere Preisklasse

't Feithhuis ■ b 1
Hübsch möbliertes Stadtcafé in einem klassischen Herrenhaus mit angeschlossenem Grill-Restaurant. Man kann frühstücken, lunchen, Kaffeetrinken oder dinieren – vielen Leuten gefällt diese Auswahl.
Martinikerkhof 10
Tel. 0 50/3 13 53 35
Tgl. 10–24 Uhr
Untere bis Mittlere Preisklasse

Pakhuis ■ c 2
Beliebter Treffpunkt in historischer Umgebung. Spezialität sind Spareribs.
Peperstraat 8
Tel. 0 50/3 18 06 96
Tgl. 18–4 Uhr
Untere Preisklasse

Passe Pierre ■ c 2
Intimes Lokal, geschmackvolle, gepflegte Einrichtung; es wird fein gekocht, freundlicher Service.
Gedempte Kattendiep 15
Tel. 0 50/3 14 39 86
So geschl.
Mittlere/Obere Preisklasse

Am Abend

In der lebhaften Studentenstadt gibt es rund um den Grote Markt, in der Poelestraat, zwischen Vismarkt und A-Kerk zahlreiche Cafés, Restaurants und Kneipen.

Chez Dré ■ b 1/b 2
Nachtcafé
Grote Markt 42
Bis 3.30 Uhr, Do–Sa bis 4.30 Uhr

Holland Casino ■ c 2
Treffpunkt von Viehhändlern, Studenten und Professoren.
Gedempte Kattendiep 150

Service

Auskunft ■ c 2

VVV Groningen
Gedempte Kattendiep 6
Tel. 09 00/2 02 30 50
Mo–Fr 9–17.30, Sa 10–16 Uhr

Ein Park zum Träumen: In der zauberhaften Gartenanlage der stattlichen Menkemaborg von Uithuizen finden Spaziergänger zu jeder Jahreszeit Entspannung.

Ziele in der Umgebung

Aduard ■ E 1

2400 Einwohner

Ein Dorf, wie es beispielhaft für andere Ortschaften Groningens ist. 1192 wurde die Abtei von Zisterziensern gegründet. Das Kloster besaß sogar eine eigene Handelsflotte. 1580, während des 80jährigen Krieges, wurde die Anlage, die aus mehr als 30 Steingebäuden bestand, zerstört, dabei verbrannte auch die Bibliothek. Die schlichte Backsteinkirche (Mo–Fr 9–12 und 14–17 Uhr) blieb erhalten. Die Poldermühle »Eolus« von 1821 ist noch in Betrieb.
5 km nordwestlich von Groningen

Bourtange ■ F 2

600 Einwohner

Die Festung im Moorgebiet an der Grenze zu Deutschland wurde 1580 bis 1593 erbaut. Sternförmig, hinter Wassergräben und Wällen, liegt das idyllische und bestbeschützte Dorf des Landes. Die Lindenbäume auf dem Markt sind 300 Jahre alt, die Soldatenbaracken wurden 1742 und das Kommandeurshaus 1661 erbaut. Die Festung steht heute unter Denkmalschutz.
1. April–31. Okt. Mo–Fr 10–12.30 und 13–17 Uhr, Sa/So 13–17 Uhr
Ca. 50 km südöstlich von Groningen
Eintritt 7.50 hfl.

Eenrum ■ E 1

1500 Einwohner

Malerisch im Marschland gelegener Ort. Die Dorfkirche (13. Jh.) birgt einen romanischen Taufstein und Grabplatten aus dem 16.–18. Jh. Viele Gäste kommen, um im uralten **Café De Pool** (Molenstraat 1) auszuspannen.
Ca. 20 km nördlich von Groningen

Kloster Ter Apel ■ F 2

Von den einst 30 Klosteranlagen Groningens ist nur diese, im 13. Jh. gegründete, erhalten geblieben. Die Kirche stammt aus dem 16. Jh. und besitzt einen seltenen, aus Bamberger Kalkstein gemeißelten gotischen Priesterstuhl, außerdem Chorgestühl mit reichem Schnitzwerk (15. Jh.). In den Gebäuden rund um den Klostergarten sind die Kirchenschätze ausgestellt.
1. Mai–31. Okt. Mo–Sa 10–17 Uhr, So 13–17 Uhr, Tel. 05 99/58 13 70
Von Emmen auf der N364

Orvelte ■ E 2/F 2

Im Herzen der Provinz Drenthe – ein ideales Ziel für Radwanderungen – befindet sich das Bauerndorf Orvelte. Das Besondere daran: Das Dorf wurde nach Vorbildern aus der Zeit um 1830 originalgetreu rekonstruiert. Die Menschen, die hier in der Schmiede, im Zollhaus, den Bauernhöfen, den Läden oder Dorfkneipen arbeiten, wohnen meist nicht hier, sondern reisen ebenso an wie die Besucher. Das Museumsdorf ist von Ende März bis Oktober tgl. Mo–Fr 10–17 Uhr, Sa/So ab 11 Uhr geöffnet.
Ca. 50 km südlich von Groningen

Uithuizen ■ E 1

Von den 160 Burgen, die um 1650 noch existierten, sind in der Provinz nur wenige erhalten geblieben. Die **Menkemaburg** in Uithuizen ist die eindrucksvollste Festung des Nordens, sie entstand zwischen dem 15. und 17. Jh. In den Räumen ist ein Museum zur Geschichte des Landes untergebracht, sehenswert ist auch der Rosengarten.
1. April–30. Sept. 10–12 und 13–17 Uhr, Tel. 05 95/43 19 70
Ca. 30 km nördlich von Groningen

Leeuwarden

D 1

85 000 Einwohner

Es sind nicht nur die Stadtkanäle, die die Hauptstadt Frieslands so besonders machen, hier hat man auch der Kuh »Us Mem« (unsere Mama) ein Denkmal gesetzt.

Die Friesen achten auf ihre Eigenständigkeit, es gibt eine eigene Zeitung, in der friesisch geschrieben wird, einen friesischen Radiosender, und in den Schulen steht die friesische Sprache auf dem Stundenplan. Für Besucher wird die friesische Kultur im friesischen Museum der Stadt lebendig. Inzwischen heißt die Provinz offiziell **Fryslâu**, und die Ortsnamen werden friesisch geschrieben.

Leeuwarden, das wirtschaftliche und kulturelle Zentrum der Provinz, war im 15. Jahrhundert ein reicher Handelsplatz. 1435 erhielt die Siedlung die Stadtrechte; zwischen 1524 und 1580 war sie Sitz der Habsburger Statthalter. Weltberühmt wurde die Stadt im 17. Jahrhundert durch ihre Goldschmiedearbeiten und durch die Tänzerin Mata Hari, die hier am 7. August 1876 geboren wurde und am 15. Oktober 1917 als mutmaßliche deutsche Spionin von den Franzosen hingerichtet wurde.

Die Umgebung von Leeuwarden lockt mit dem hübschen Dorf Marssum (5 Kilometer entfernt), in dem das **Poptaschloß** steht. In Oenkerk kann das Schloß **Stania State** besichtigt werden, und im weiten Polderland liegt St. Annaparochie aus dem 16. Jahrhundert. In der Dorfkirche wurden Rembrandt und Saskia van Uylenburgh im Juni 1634 getraut.

Malerische Kanäle, schaukelnde Boote – und entdeckenswerte maritime Details, wohin das Auge auch schaut: Wer danach sucht, ist in Leeuwarden an der richtigen Adresse.

Hotels

Eurohotel
Modernes Komforthotel am Stadtrand.
Europaplein 20
Tel. 0 58/2 13 11 13, Fax 2 12 59 27
54 Zimmer
Mittlere Preisklasse

De Pauw
Einfaches Hotel im Stadtzentrum, mit Restaurant.
Stationsweg 10
Tel. 0 58/2 12 36 51, Fax 2 16 07 93
35 Zimmer
Untere Preisklasse

Sehenswertes

Grote Kerk
Die Kirche mit den Überresten eines Kreuzganges (15. Jh.) erhielt ihr heutiges Aussehen im 15. Jh. Im Innern lebensgroße Apostelfiguren, eine Müller-Orgel von 1724 bis 1727 und Gräber der letzten friesischen Nassauer (1588).
Jacobinerkerkhof

Oldehove Toren
Das Wahrzeichen der Stadt ist dieser nie vollendete, 40 m hohe Turm. Mit dem Bau des spätgotischen Backsteinturms wurde 1529 begonnen, wegen des schwammigen Grundes neigte sich der Turm. Von der Aussichtsplattform kann man die Altstadt überblicken.
Oldehoofster Kerkhof
1. Mai–1. Okt. Di–Sa 9.30–12.30 und 13.30–16.30 Uhr

Waag
Das dominierende Bauwerk auf dem Waagplein ist die Alte Waage, 1598 im Stil der Renaissance erbaut. Einst wurden hier Käse und Butter verkauft, heute befindet sich im ersten Stock ein Restaurant.

Museen

Fries Museum
In einem Patrizierhaus befindet sich die bedeutendste Sammlung zur Kulturgeschichte der Provinz, u. a. Kunsthandwerk und Gemälde.
Turfmarkt 11
Mo–Sa 11–18, So 13–17 Uhr
Eintritt 6.50 hfl.

Mata Hari's Huis
Im Gebäude, in dem die Spionin Mata Hari lebte, ist heute das friesische Literaturmuseum untergebracht.
Grote Kerkstraat 212
Mo–Fr 9–12.30 und 13.30–17 Uhr

Het Princesehof
In den rund 30 Räumen des früheren Stadtpalastes (17./18. Jh.) ist eine reichhaltige Sammlung von Porzellan aus Japan und China, Jugendstilkeramik u. a. zu sehen.
Grote Kerkstraat 11
Mo–Sa 10–17, So 14–17 Uhr
Eintritt 5 hfl.

Essen und Trinken

De Mulderij
Klassische Fischgerichte.
Baljeestraat 19
Tel. 058/2 13 48 02
So geschl.
Mittlere/Obere Preisklasse

Pannekoekeship
Auf einem alten Binnenschiff duftet es nach Pfannkuchen ...
Willemskade ZZ
Untere Preisklasse

Service

Auskunft

VVV Leeuwarden
Stationsplein 1 (am Bahnhof)
Tel. 0 58/2 12 22 24

Ziele in der Umgebung

Dokkum ■ E 1

Bereits aus der Ferne erkennt man die Silhouette der Festungsstadt, auf deren Wällen zwei Mühlen stehen. Die nördlichste Stadt des Landes gehört auch zu den schönsten Frieslands. Die Geschichte des Ortes geht bis auf das Jahr 754 zurück, als Bischof Bonifatius hier ermordet wurde. Im 17. Jh. war Dokkum Sitz der Friesischen Admiralität. Das **Admiralitätshuis**, im Renaissancestil erbaut, ist heute Regional-Museum. Auf den Grachten herrscht reger Bootsverkehr.
Ca. 25 km nordöstlich von Leeuwarden

Harlingen/Harns ■ D 1

17 500 Einwohner

Rund 500 unter Denkmalschutz stehende Gebäude prägen das romantische Bild der alten Hafenstadt, der einzigen friesischen Stadt mit direktem Zugang zum Meer. Sie steht etwa dort, wo das alte Greyn 1134 im Wasser versank. Ihre größte Blütezeit hatte die Festungsstadt im 17. Jh., als sie Handel mit Portugal und Spanien trieb. Herausragend im Ensemble der Giebelhäuser ist das **Raadhuis** (1736).
Ca. 25 km westlich von Leeuwarden

Hindeloopen/Hynljippen ■ D 2

Auf einer Landzunge am Ijsselmeer liegt diese einst reiche Hansestadt. Typisch für das Ortsbild sind die Holzbrücken; sehenswert u. a. das **Sluishuis** von 1619, die Kapitänshäuser und die Kirche (17. Jh.) mit dem schiefen Westerturm (1593).
Ca. 45 km südwestlich von Leeuwarden

Steinerne Zeugen einer einstmals blühenden Handelsstadt: Die stolzen Giebelhäuser am Hafen von Harlingen spiegeln noch heute den Glanz vergangener Zeiten.

Sloten/Sleat ■ D 2

750 Einwohner

Dieser Ort, südlich von Sneek und unweit des Slooter Sees gelegen, gehört zu den kleinsten der elf friesischen Städte. Liebhaber bescheidener Idyllen kommen hier zu ihrem Recht: Die Stadtkanäle, etwa an der Voorstreek Gracht, säumen schmale Giebelhäuser. Ebenso verspielt wie die Wohnhäuser präsentieren sich die Kirche (1647) und das Rathaus von 1759.
Ca. 50 km südlich von Leeuwarden

Sneek/Snits ■ D 2

Das am häufigsten fotografierte Bauwerk der alten Schifferstadt ist das 1613 erbaute **Waterpoort**, das Wassertor mit den zwei Verteidigungstürmen. Sneek besitzt einen historischen Stadtkern – Rathaus mit Rokokofassade, die gotische Martinikerk (15. Jh.) –, ist aber vor allem als Wassersportzentrum der Friesischen Meere bekannt. Alle Meere sind mit Kanälen – der längste ist der Prinses-Margriet-Kanaal – verbunden, und so erstreckt sich das Wassersportrevier vom Oudegaatsmeer bis zum Pikmeer, vom Sneeker Meer bis nach Sloten.

Etwa eine Viertelstunde von Sneek entfernt liegt De Lemmer, einst ein wichtiger Hafen am Ijsselmeer, heute Wassersportzentrum, das vor allem bei Deutschen äußerst beliebt ist. Yachthäfen und Bungalowdörfer bestimmen das Bild.
Ca. 24 km südwestlich von Leeuwarden

An den zahlreichen Seen und Flüssen gibt es ungeahnte Möglichkeiten zum Wassersport. Neben Segel- und Motorbooten, die man wochenweise mieten kann, gibt es Kanu- und Fahrrad-Arrangements (4 Übernachtungen mit Frühstück ca. 400 DM). Spezialprospekte: NBT in Köln (→ Service, S. 114).

Unser Tip: »Bed & Brochje«, die friesische Variante von Bed & Breakfast. Friesische Landfrauen bieten Zimmer auf ihren Höfen für etwa 35 hfl. pro Übernachtung mit Frühstück pro Person an. Auskunft: VVV Leeuwarden,
Tel. 05 92/37 22 62, Fax 37 19 49

Merian-Tip

Aldfaers Erf Route Der Ort Wunseradiel umschließt jene vier friesischen Dörfer, die an der Aldfaers Erf Route – »Erbe unserer Vorfahren« – liegen. Die Bewohner wollten ein wenig vom Fremdenverkehr profitieren und entstaubten ihre Höfe, Läden und Werkstätten. Der »Alltag« der Friesen wird von ihnen nicht nur in Bauernhöfen oder der Dorfschmiede vorgeführt, sondern auch in »De Meermin«, in der nach altem Rezept friesische »Drabbelkoekjes« gebacken werden. Unweit von Makkum beginnt die Fahrt in diese romantische Ecke Frieslands. Ein lohnender Tagesausflug (Auto/Rad).
■ D 2

Gegensätze auf kleinstem Raum sind Amsterdam und Haarlem, die Küste und das Polderland. Im »Goldenen Zeitalter« war diese Provinz das wirtschaftliche und kulturelle Zentrum des Landes.

Geschichtsträchtig sind die Städte Amsterdam, Haarlem und Alkmaar, hier wurden einst die kostbarsten Güter der Welt gestapelt: Muskatnüsse, Pfeffer, Zucker oder Porzellan – Zufall und Glück haben Regie geführt, und der rege Handelsgeist der Holländer tat sein übriges, daß diese Provinz 150 Jahre lang Zentrum des Welthandels war. Selbst den kleinsten Orten sieht man noch den einstigen Reichtum an. Die oligarchisch mit straffer Hand regierten Städte unterhielten Handelsniederlassungen auf der ganzen Welt. Mehr als 100 Völker arbeiteten für sie, und ihr Wohlstand wuchs. Heute verdient man sein Geld mit dem Verkauf von Gemüse, vor allem Tomaten, und Blumen sowie mit dem Tourismus. Die altholländische Landschaft ist weit, und der Himmel ist hoch wie kaum irgendwo. Besucher entdecken eine Landschaft, flach und grün – genau der richtige Rahmen für die altehrwürdigen Kleinstädte Monnickendam, Edam, Hoorn oder Enkhuizen.

Wer hat den Käse zum Marktplatz gerollt? Keiner: Die roten und gelben Kugeln werden auf hölzernen Gondeln zur »Waag« getragen – ein Spektakel, zu dem sich jeden Freitagvormittag 12 000 Zuschauer im Zentrum von Alkmaar versammeln.

Amsterdam ■ C3

720 000 Einwohner
Stadtplan → Klappe hinten

Im Gegensatz zu Dordrecht oder Haarlem ist Amsterdam eine »junge« Stadt. Erst 1275 erhielt sie die Stadtrechte. Schnell wurde sie Handelsmetropole, im »Goldenen«, dem 17. Jahrhundert, war sie eine der reichsten Metropolen. Amsterdam ist heute ein Ort der Gegensätze: Schönheit existiert neben Verfall, mehrsprachige Speisekarten neben lokalem Chauvinismus. Die Amsterdamer halten Distanz und kennen doch keine Distanzen. Hartnäckig hält sich der unzutreffende Vergleich mit Venedig, den der Italiener Ludovico Guicciardini mit seinem Schlagwort vom »Venedig des Nordens« 1576 erstmals zog. Zwar gibt es Parallelen: Beide Städte, vom Wasser dominiert, waren wohlhabende Republiken, leben vom und leiden am Tourismus. Doch weiter gehen die Gemeinsamkeiten kaum. Im Graugrün des Kanalwassers spiegeln sich die Giebel der Grachtenhäuser. Eine Fahrt auf der Prinsengracht, die gemeinsam mit der Heren- und der Keizersgracht nach 1612 im Halbkreis um die alte Stadt gegraben wurde, vermittelt einen ersten Eindruck von jenem einzigartigen Stadtensemble, das aus etwa 6800 denkmalgeschützten Bauwerken besteht und die größte Pfahlsiedlung der Welt ist.

Die Studentenstadt übt eine magische Anziehungskraft auf Jugendliche und Straßenmusikanten aus.

Ausführliche Informationen über die niederländische Hauptstadt finden Sie in der Reihe »MERIAN live!« im Band **Amsterdam**.

Zweifellos eines der beliebtesten Fotomotive in Amsterdam: Wenn es dunkel ist, erstrahlt die Magere Brug in ihrer ganzen Schönheit.

Hotels/andere Unterkünfte

Amstel Boot d 2
Hotelboot, zentral zwischen Altstadt und Bahnhof gelegen. Bar, Restaurant.
Oosterdokskade 2–4
Tel. 0 20/6 26 42 47
176 Kajüten
Mittlere Preisklasse

Arena f 6
In einem ehemaligen Kloster ist das interessanteste Low-Budget-Hotel untergebracht. Garten, Café, Restaurant, Disko.
's Gravesandestraat 51
Tram 6, 7, 10; Metro Weesperplein
Tel. 0 20/6 94 74 44, Fax 6 63 26 49
600 Betten in Zimmern für zwei bis acht Personen
Untere Preisklasse

Brinker b 5
Einfache und saubere Zimmer, Restaurant, Café, Disko, geeignet für Jugendliche; im Stadtzentrum.
Kerkstraat 136–138
Tram 4, 9,14
Tel. 0 20/6 22 06 87, Fax 6 38 20 60
140 Zimmer
Untere Preisklasse

Mercure c 6
Hotel in einem schönen Patrizierhaus, angenehme Atmosphäre.
Noorderstraat 46
Tram 6, 24, 25
Tel. 0 20/6 22 02 28
92 Zimmer
Untere Preisklasse

Novotel
Moderner Hotelkomplex am Rande der Innenstadt.
Europaboulevard 10
Bahnhof RAI
Tel. 0 20/541 11 23, Fax 6 46 28 23
600 Zimmer
Obere Preisklasse

Owl a 6
Gehört zu den kleineren und freundlicheren Häusern. Die Zimmer sind teilweise sehr klein. Nähe Vondelpark.
Roemer Visscherstraat 1
Tram 1, 6
Tel. 0 20/6 18 94 84, Fax 6 18 94 41
34 Zimmer
Mittlere Preisklasse

Jugendherberge Vondelpark a 6
Zandpad 5
Tram 1, 2, 4, 5
Tel. 020/683 17 44, Fax 616 65 91

Spaziergang

Eine Stadt wie diese muß man sich erwandern. Ein paar Schritte nur sind es vom belebten **Spui** – einem Kreuzungspunkt – zum beschaulichen, 1346 gegründeten **Begijnhof**. Die Stadt kennt viele solcher idyllischen und verträumten Plätze, Grachten und Gassen. Etwa den Groenburgwal, die Leligracht, den Grimburgwal, die Grachten O.Z. Voorburgwal und O.Z. Achterburgwal – alle im Herzen der Altstadt. Wer das Idealbild sucht, so wie es Caspar Philips Jacobz zwischen 1768 und 1771 aufgezeichnet hat, ist hier richtig. Etwa am **Oudemanhuispoort**, mit der harmonischen Kulisse aus Stein, Holz und Wasser, wo der Kanal die Spiegelfläche bildet für die Postkartenidylle. Lohnend von hier sind Abstecher zur **Jodenbreestraat** mit dem Haus von Rembrandt, in dem der Maler 1639 bis 1657 wohnte, und zum **Waterlooplein**, wo Flohmarkt-Gedrängel herrscht. Dominierend hier das Bauensemble aus Rathaus und Musiktheater, **Stopera** genannt. Vom Waterlooplein gelangt man wieder zur Jodenbreestraat. Von der Brücke an der Oude Schanz schöner Blick auf den Montelbaanstoren.

Sehenswertes

Anne Frank Huis ■ b 3
Grachtenhaus, in dem Anne Frank ihr Tagebuch geschrieben hat, wo sie und ihre Famiie sich 1942 bis 1944 vor den Nazis versteckt haben.
Prinsengracht 263
Tram 13, 14, 17 und Museumsboot
Mo–Sa 9–17, So 10–17 Uhr
Eintritt 10 hfl., Kinder 8 hfl.

Begijnhof ■ b 4
Die 41 Giebelhäuser der Anlage aus dem 17. und 18. Jh. gehen auf eine Stiftung aus dem 14. Jh. zurück.
Die Bewohnerinnen bitten die Touristen, leise zu sein und sie nicht zu belästigen – sonst wird der Hof für Besucher geschlossen.
Eingang: Spui, tgl. bis 18 Uhr

Brücken ■ b 4
Fast 1300 Brücken verbinden die Grachtenufer. Am bekanntesten sind die **Blauw Brug** und die **Magere Brug**.

Koninklijk Paleis ■ b 3
Historisches Rathaus mit großartigem Bürgersaal und Wandmalereien.
Dam
Alle Straßenbahnlinien
Während der Oster-, Sommer- und Herbstferien Mo–So 12.30–17 Uhr, sonst unregelmäßig
Eintritt 5 hfl.

Leidseplein ■ a 5
Das lebendige Herz der Stadt. Der Platz zieht magisch alle Straßenkünstler und deren Publikum an.
Singelgracht/Leidsestraat

Westerkerk ■ a 3/b 3
Der Turm der Westerkirche ist das Wahrzeichen der Stadt. Rembrandt liegt hier in einer Armengruft begraben.
Westermarkt/Prinsengracht

Museen

Joods Historisch Museum ■ d 4/d 5
In dem Synagogenkomplex werden Ausstellungen zum Thema Judentum gezeigt. Mediathek, Café mit koscheren Spezialitäten.
Jonas Daniël Meijerplein 2–4
Metro: Waterlooplein
Tgl. 11–17 Uhr
Eintritt 8 hfl., Kinder 4 hfl.

Rembrandthuis ■ d 4
Rembrandt lebte 21 Jahre in diesem Haus. Erhalten geblieben ist die Einrichtung, zu sehen sind außerdem zahlreiche seiner schönsten Radierungen.
Jodenbreestraat 4–6
Metro: Waterlooplein
Mo–Sa 10–17, So 13–17 Uhr
Eintritt 7.50 hfl., Kinder 5 hfl.

Rijksmuseum ■ a 6/b 6
Die Schatzkammer der Niederlande, sehenswert sind u. a. die Werke Rembrandts und Vermeers, das Kupferstichkabinett und der Südflügel.
Stadhouderskade 42
Tram 6, 7, 10, 16, 24, 25 und Museumsboot
Tgl. 10–17 Uhr
Eintritt 12.50 hfl., Kinder 5 hfl.

Rijksmuseum Vincent van Gogh
250 Gemälde Vincent van Goghs; zudem Zeichnungen und Briefe.
Paulus Potterstraat 7
Tram 2, 3, 5
Tgl. 10–17 Uhr
Eintritt 12.50 hfl., Kinder 5 hfl.

Passende Kulisse für eine Traumhochzeit: Der Königliche Palast am Dam, in dem Königin Beatrix und Prinz Claus einst ihre Eheschließung feierten, ist der größte und prunkvollste Profanbau Amsterdams.

Scheepvartmuseum ■ e 3/f 3
Spannende Sammlung zur Seefahrergeschichte. Museumshafen.
Kattenburgerplein 1
Bus 22, 23 und Museumsboot
Di–Sa 10–17, So 12–17 Uhr
Eintritt 12,50 hfl., Kinder (6–18) 8 hfl.

Essen und Trinken

Haesje Claes ■ b 4
Typisches Amsterdamer Restaurant, in dem sich viele Besucher wohl fühlen. Holländische Hausmannskost, kräftig und einfach.
Spuistraat 275
Tram 1, 2, 5
Tel. 0 20/6 24 99 98
Tgl. 12–24 Uhr
Mittlere Preisklasse (AE, EC, DC)

Indonesia ■ a 5
Stellvertretend für all die anderen indonesischen Restaurants. Spezialität ist auch hier die **rijstafel**, Reistafel. Vornehme Atmosphäre.
Korte Leidsedwarsstraat 18
Tram 1, 2, 5, 6, 10
Tel. 0 20/6 23 20 35
Tgl. 17–23 Uhr
Obere Preisklasse (AE, DC, EC)

Nam Kee ■ d 3
Chinaküche, empfehlenswert vor allem die frischen Fischgerichte.
Geldersekade 117
Tel. 020/6 39 28 48
Tgl. ab 12 Uhr
Mittlere Preisklasse (AE, EC)

La Place ■ c 4
Dieses Restaurant, in dem man sich an den Marktständen sein Essen aussuchen kann, wird von Fremden gern aufgesucht. Unkomplizierte Atmosphäre.
Rokin 160 (im Kaufhaus V & D)
Tram 4, 9, 16, 24, 25
Tel. 0 20/6 22 01 71
Mo–Sa 10–21, So 11–21 Uhr
Untere/Mittlere Preisklasse (keine Kreditkarten)

Erschöpft vom Grachten-Sightseeing? Gönnen Sie sich eine Pause: An gemütlichen Lokalitäten herrscht in Amsterdam kein Mangel.

De Roode Leeuw ■ c 2/c 3
Brasserie, in der noch hervorragende holländische Spezialitäten serviert werden.
Damrak 93–94
Tel. 0 20/5 55 06 66
Tgl. 10–24 Uhr
Obere Preisklasse (AE, EC, DC, Visa)

Typisch für Amsterdam sind die **Broodjeswinkel**, die bis spät in die Nacht geöffnet sind und in denen man belegte Brötchen und Croissants erhält: Von Dobben, Korte Reguliersdwarsstraat 5–6 (beim Rembrandtsplein); Broodje van Kootje, Spui 28; Délifrance (Damrak 83).

Einkaufen

Zentrum des Antiquitätenhandels ist die Spiegelgracht. Einkaufsstraßen: Leidse-, Kalverstraat und Nieuwendijk. Die interessantesten Warenhäuser sind **Bijenkorf** (Damrak) und das **Maison de Bonneterie** (Rokin 140), die wichtigsten Märkte der **Albert Cuypmarkt** in der gleichnamigen Straße, der **Blumenmarkt** am Singel und der **Trödelmarkt** auf dem Waterlooplein (→ Ladenöffnungszeiten, S. 23). Jeden Sonntag haben Warenhäuser, Supermärkte und einige Geschäfte im Zentrum von 12–17 Uhr geöffnet.

Am Abend

Concertgebouw
Weltberühmter Konzertsaal, das gleichnamige Orchester wird seit 1988 von Riccardo Chailly dirigiert.
Concertgebouwplein 2–6
Tel. 0 20/6 71 83 45

Muziektheater ■ d 4/d 5
Stammhaus des Nationalballetts, Theater, Ballett, Oper.
Amstel 3
Tel. 0 20/6 25 54 55

Odeon ■ b 5
Disko im historischen Grachtenhaus, entspannte Atmosphäre in der großbürgerlichen Bar. Oldies, Jazz.
Singel 460
Tel. 0 20/6 24 97 11
Do–Sa ab 22 Uhr

Service

Auskunft

Verkehrsbüro VVV ■ d 2
1001 AS Amsterdam
Stationsplein 10 (links gegenüber dem Hauptbahnhof, CS)
Tel. 06/340 340 66
Mo–Sa 9–17 Uhr (50 Cent die Minute)
Zweigstelle im Bahnhof ■ d 2
Tgl. 8–21 Uhr
Zweigstelle VVV Leidsestraat/Leidseplein 1 ■ a 5
Tgl. 9–19 Uhr
VVV vermittelt gegen Gebühr Übernachtungsquartiere, reserviert Eintrittskarten.

AUB Ticketshop ■ a 5
Karten zu allen kulturellen Veranstaltungen.
Leidseplein/Ecke Marnixstraat (Stadttheater)
Tel. 020/621 12 11
Mo–Sa 10–18, Do bis 21 Uhr

Auskunft für Behinderte
Tel. 0 20/622 57 66

Parken/Parkhäuser
Alle Parkplätze sind gebührenpflichtig. Eine Stunde kostet 4 bis 5 hfl. (Cent-Gulden-Münzen), auch am Samstag und Sonntag! Das Bußgeld für eine Radklemme (**wielklem**) beträgt mindestens 170 hfl., Bußgelder sind sofort zahlbar. Kreditkarten und Schecks werden akzeptiert.

Taxi
Tel. 0 20/677 77 77

Ziele in der Umgebung

Aalsmeer ■ C 3

Etwa 12 km südwestlich von Amsterdam findet zwischen Treibhäusern, Kanälen und Blumenfeldern der erfolgreichste und größte Blumenmarkt der Welt statt.
Legmeerdijk 313
Mo–Fr 7.30–11 Uhr
Eintritt 5 hfl.

Edam ■ C 3

25 000 Einwohner

Heute macht die einst so blühende Handelsstadt einen eher verträumten Eindruck. Die Namensgeberin für den bekannten, rotumhüllten Käse war im 17. und 18. Jh. mit rund 30 Werften ein Zentrum des Schiffsbaus. Die Backstein-Architektur, in der auch die spätgotische **Grote** oder **St. Nicolaaskerk** (15. Jh.) errichtet wurde, beherrscht das Ortsbild. Vom Turm erklingt ein flämisches Glockenspiel.
Ca. 13 km nördlich von Amsterdam

Hotel

De Fortuna
Hübsches kleines Hotel, altmodische Einrichtung, sehr individuell, altholländisches Restaurant.
Spuistraat 3
Tel. 02 99/37 16 71, Fax 37 14 69
26 Zimmer verteilt über 5 Häuser
Mittlere Preisklasse (AE, DC, EC, Visa)

Enkhuizen ■ D 2

16 500 Einwohner

Einst zählte die Hafenstadt an der früheren Zuiderzee rund 40 000 Bewohner. Gegenüber dem aufstrebenden Amsterdam verlor die Stadt jedoch an Bedeutung, bewahrte sich aber ihr historisches Zentrum. Enkhuizen gehört zu den reizvollsten Städten am Ijsselmeer.

Vom Fischerdorf zum touristischen »Muß«: In Volendam machen täglich Hunderte von Reisebussen Station – und die trachtengewandeten Bewohner wissen recht gut, was sie den zahlungskräftigen Besuchern schuldig sind ...

Die wichtigsten Wirtschaftzweige sind Tourismus, Fischerei und Blumenzucht. Am Binnen und Buiten Haven liegen die zahlreichen alten Klipper und Barken, mit denen Urlauber ausfahren. Den Stadteingang beherrscht der **Dromedarius**, der eindrucksvolle Stadtturm (1540). Die Gebäude am Oude Haven, in der Westerstraat, am Melkmarkt haben sich ihren Charme der Vergangenheit bewahrt. Die gotische **Wester-** oder **Gomaruskerk** (15./16. Jh.) und die **Zuider-** oder **St. Pancraskerk** (15. Jh.) bestimmen mit ihren Türmen die Silhouette der Stadt. Im Sommer kann man von Enkhuizen mit dem Boot nach Stavoren übersetzen. Eine Deichstraße verbindet die Stadt mit Flevoland.
Ca. 56 km nördlich von Amsterdam

Museum

Zuiderzeemuseum
Eines der spannendsten Freilichtmuseen: Rund 135 historische Gebäude (Schulen, Cafés, Betriebe, Fischerhütten, Giebelhäuser) wurden hier aufgebaut und geben Einblick in das Leben des 19. Jh. Zum Museum gehört auch das sogenannte Innenmuseum in Lagerhäusern aus dem 17. Jh.

TOPTEN 7

Buitenmuseum
9. April–31. Okt. 10–17 Uhr; das Binnenmuseum ist das ganze Jahr über geöffnet
Tel. 0 22 83/1 01 22
Eintritt 15 hfl., Kinder 10 hfl.

Hoorn

C 2

Hoorn wurde im 14. Jh. als Niederlassung niederdeutscher Kaufleute in der Mündung der Gouwe gegründet und erhielt 1357 von Willem V. van Holland das Stadtrecht. Im 19. Jh. wurden die Hafenbecken zugeschüttet, Tourismus und Wassersport sind heute wichtige Erwerbsquellen. Die ehemalige Hauptstadt Westfrieslands war einst ein reiches Handelszentrum und zwischen 1560 und 1640 als Hafen so bedeutend wie Amsterdam. Zahlreiche historische Gebäude zeugen von dieser großen Zeit: so z. B. die **Waage**, 1609 nach einem Entwurf von Hendrick de Keyser gebaut. Gegenüber der Waage das 1632 erbaute **Proostenhuis**, einst Sitz des Rates von Westfriesland und heute **Westfries Museum**. Berühmte Hoorner Bürger: Jan Pieterszoon Coen, skrupelloser Gouverneur von Batavia (heute Jakarta), Abel Tasman (1603–1659), Entdecker von Neuseeland und Tasmanien, Willem Schonten (1580–1625), der 1616 die Südspitze Südamerikas umsegelte und sie nach seiner Vaterstadt benannte: Kap Hoorn. 1997 reklamierten jedoch die Briten, Francis Drake solle Kap Hoorn bereits 1578 entdeckt haben.

Am Grote Oost erhebt sich die spätgotische **Oosterkerk** (1450–1620), und nordwestlich vom Rode Steen, dem früheren Käsemarkt, steht die ebenfalls spätgotische **Noorderkerk** (1425–1519). In vier Hafenbecken dümpeln bis zu 1100 Yachten und Kajütboote. Im Sommer und an Wochenenden wird es rund um den alten Hafen turbulent.

Eine historische Dampf-Bummelbahn fährt im Sommer vom Bahnhof Hoorn nach Medemblik (April–Okt. Di und So, Juli und Aug. tgl; Buchungen: Tel. 02 29/21 92 31, Fahrpreis Erwachsene 25 hfl., Kinder 12,50 hfl.).
Ca. 40 km nördlich von Amsterdam

Service

Auskunft

VVV Statenpoort
Nieuwstraat 23
Tel. 06/34 03 10 55

Marken/Volendam ■ C3

26 000 Einwohner

Eine Bustour zum Fischerdorf **Volendam** gehört zum festen Bestandteil aller organisierten Reisen. Volendam gilt als Heimat von Käsefrau Antje, denn ihr Markenzeichen, das Spitzenhäubchen »Hulletje«, wird hier noch getragen. Auch die Fischer tragen zur Freude der Besucher ihre Pluderhosen und ziehen an der Pfeife. Zwischen dem katholischen Volendam und dem calvinistischen **Marken**, einst eine Insel, besteht eine Bootsverbindung. Mit dem Fahrrad oder Auto erreicht man das ehemalige Fischerdorf über einen Damm.

Sehenswert in dem bereits 1232 erwähnten Fischerdorf sind die holzverkleideten Häuschen in den Farben Grün, Silbergrau und Schwarz.
Ca. 12 km nördlich von Amsterdam am Markermeer

Hotel

Hotel Spaander
Traditionsreiches Haus. Im Restaurant hängen mehr als 100 Gemälde einheimischer Maler, die zum Teil damit bezahlt haben.
TOPTEN 9
Haven 15–19
Tel. 02 99/36 35 95, Fax 36 96 15
80 einfache Zimmer
Mittlere Preisklasse (AE, DC, EC, Visa)

Medemblik ■ C2

Der älteste Ort Althollands ist heute ein beliebtes Zentrum für Wassersport.

Sehenswert sind die spätgotische Hallenkirche **St. Bonifacius** (15. Jh.), die **Käsewaage** (17. Jh.) und das ehemalige **Waisenhaus**. Die alte Friesenburg **Radboud**, deren Ursprünge aus dem 13. Jh. stammen, ist restauriert und kann besichtigt werden (15. Mai–15. Sept. 10–17 Uhr). Hinter Medemblik, Richtung **Wieringherwerf**, erreicht man den ersten Zuiderzee-Polder. Im »neuen Land« des Wieringermeerpolders, in Den Oever, steht am Ende des ca. 30 km langen Deiches (**afsluitdijk**) das Denkmal des Ingenieurs, der ihn verwirklichen ließ: Cornelis Lely.
Ca. 56 km nördlich von Amsterdam

Hotel/Essen und Trinken

Het Wapen van Medemblik
Komforthotel am Yachthafen. Die erste Adresse für Fischgerichte.
Oosterhaven 1
Tel. 02 27/54 38 44, Fax 54 23 97
26 Zimmer
Mittlere Preisklasse (AE, DC, EC)

Monnickendam ■ C3

11 000 Einwohner

Die Kleinstadt wurde im 12. Jh. von Mönchen gegründet. Im 16. und 17. Jh. erlebte die Hafenstadt am Ijsselmeer und der Gouwzee ihre große Epoche. An diese Blütezeit erinnert der Spielturm, der **Speeltoren** (16. Jh.) mit Glockenspiel.

Sehenswert außerdem die **Grote Kerk** (14./15. Jh.) und das **Rathaus** mit seinem Rokokosaal (1746).
Im Gegensatz zu Volendam wirkt Monnickendam ruhig und stolz. Beliebt als Wassersportzentrum.
Ca. 7 km nördöstlich von Amsterdam

Muiden ■ C3

Burg Muiderslot wurde von dem Amsterdamer Schriftsteller P. C. Hoofd im 17. Jh. als literarisches Zentrum »Muiderkring« genutzt. Das Schloß ist seit 1875 Museum.
April–Sept. Mo–Fr 10–16, So 13–16 Uhr,
Tel. 02 94/26 13 25
Ca. 15 km östlich von Amsterdam

Haarlem ■ C3

150 000 Einwohner

Haarlem, 20 Autominuten von Amsterdam entfernt, gehört zu den eigenwilligsten altholländischen Städten. Die Hauptstadt der Provinz Noord-Holland, nur sieben Kilometer von der Nordseeküste entfernt, hat wie Gouda, Alkmaar oder Leiden eine intakte historische Innenstadt. Die Stadt der Kunst liegt inmitten einer Landschaft, die im Frühjahr von bunten Blumenfeldern bestimmt wird. Haarlem, vom 11. bis zum 13. Jahrhundert Sitz der Grafen von Holland, erhielt 1245 die Stadtrechte. 1573 wurde die Stadt während des 80jährigen Krieges sieben Monate lang von Spaniern belagert. Nach dem Ende der spanischen Herrschaft erlangte die Stadt im 16. und 17. Jahrhundert durch den Zustrom von Flüchtlingen aus Flandern ihre wirtschaftliche Blütezeit, sie wurde kulturelles Zentrum der Provinz – vor allem in der Malerei und der Architektur.

Frans Hals, Adriaen van Ostade und Jacob van Ruisdael, die die »Haarlemer Malerschule« berühmt gemacht haben, lebten und arbeiteten in der Stadt, die heute vor allem durch ihre ungezwungene Atmosphäre besticht.

Haarlem ist noch mehr als Amsterdam eine Stadt, die man sich erwandern sollte. In den Gassen, begrenzt von Giebelhäusern mit weiß umrahmten Türen und bunt bemalten Holzläden, kann man noch etwas vom Flair des »Goldenen Zeitalters« erahnen. Haarlem trägt inzwischen den Titel, die vielfältigste, abwechslungsreichste und intimste Einkaufsstadt Hollands zu sein.

***Prädikat »sehenswert«:* Die prächtigen Giebelhäuser in der Haarlemer Altstadt sind architektonische Highlights, die auch einen zweiten Blick lohnen.**

Hotels/andere Unterkunft

Carlton Square
Modernes Komforthotel, im Zentrum.
Baan 7
Tel. 0 23/5 31 90 91, Fax 5 32 98 53
106 Zimmer
Obere Preisklasse (AE, DC, EC, Visa)

Het Hof van Holland
Im Nordseebad Noordwijk, in der Dorfmitte, steht dieses Haus für Romantiker; eingerichtet ist es in klassisch-modernem Stil. Elegantes Restaurant.
Voorstraat 79
Tel. 0 71/3 61 22 55, Fax 3 62 06 01
36 Zimmer
Obere Preisklasse (AE, DC, EC)

Die Raeckse
Günstig im Stadtzentrum, etwas altmodisch.
Raaks 1
Tel. 0 23/5 32 66 29, Fax 5 31 79 37
28 Zimmer
Mittlere Preisklasse (EC)

Jugendherberge
Jan Gijzenpad 3
Tel. 0 23/5 37 37 93

Spaziergang

Die herausragenden Bauwerke stehen auf dem Grote Markt: die **St. Bavokerk**, die **Vleeshal** (Fleischhalle, 1602/1603), ein Renaissance-Bau, in dem heute Ausstellungen stattfinden, und das mehrfach umgebaute **Rathaus**. Vom Markt (ausgeschildert) kommt man zum **Altmännerhaus** (1608), einem ehemaligen Altenheim und Waisenhaus, das seit 1913 als Museum für den bekanntesten Haarlemer Maler Frans Hals (1580–1666) und dessen Schule genutzt wird. Es gehört mit seiner intimen Atmosphäre zu den schönsten Museen des Landes. Durch die Gasse Klein-Heiligland und den Corneliussteg gelangt man zum **Prinsenhof** in der Jacobijnenstraat. Wenn man die Spaarne überquert, steht man vor dem letzten Stadttor, dem **Amsterdamse Poort** (15. Jh.).

Sehenswertes

Haarlemer Bahnhof
Kleinod aus den Kindertagen der Eisenbahn, 1908 im Jugendstil errichtet.

St. Bavokathedraal
Der eindrucksvolle Kuppelbau mit neogotischen und arabischen Stilelementen wurde 1927 bis 1930 erbaut. Zu den Schätzen der katholischen Kreuzbasilika zählen die Glasfenster und die Schatzkammer mit ihren goldenen und silbernen Sakralgegenständen.
Leidsevaart
Mo–Sa 10–16 Uhr

St. Bavokerk
Die spätgotische Kreuzbasilika (14.–16 Jh.) wird von einem 80 m hohen Turm gekrönt. Im Inneren ist Haarlems berühmtester Sohn, Frans Hals, beigesetzt. Klingendes Schmuckstück ist die Orgel, 1738 von Christian Müller erbaut. Komponisten wie Händel, Mozart, Schubert, Liszt spielten hier. Von Mai bis Oktober finden jeden Dienstagabend Orgelkonzerte statt.
Grote Markt

Museen

Cruquiusmuseum
Sehenswertes zur Geschichte der Polder-Entwässerung.
Cruquiusdijk 27
1. März–31. Okt. Mo–Fr 10–17,
Sa und So 11–17 Uhr
Tel. 0 23/ 5 28 57 04

Frans Hals Museum
Die Werke der Maler der »Haarlemer Schule«, die als Wegbereiter der niederländischen Malerei gilt, sind hier zu sehen. Einen besonderen Platz nimmt der eindrucksvolle Zyklus der acht Gruppenbilder Haarlemer Regenten und Schützengilden (Schutters) ein. Frans Hals malte sie zwischen 1616 und 1641. Zu sehen sind außerdem Werke von Jan van Scorel, Maerten van Heemskerck, Pieter Claweszoon, Jacob van Ruysdael oder Adriaen van Ostade. Ferner Stilmöbel, Silberschmuck, eine rekonstruierte Apotheke, ein historisches Puppenhaus. Im Zentrum des Vierflügelbaus befindet sich der schönste Museumsgarten des Landes.
Groot Heiligland 62
Mo–Sa 11–17, So 13–17 Uhr

Teylers Museum
Eines der ältesten Museen der Welt, von dem wohlhabenden Tuchhändler Pierre Teyler von der Hulst 1778 gegründet. In neoklassizistischer Umgebung präsentiert sich eine Kollektion zum Thema Wissenschaft, Zoologie, Kunst. Außerdem eine große Sammlung an Fossilien und physikalischen Instrumenten, Gemälde alter niederländischer Meister (u. a. Rembrandt), ferner Arbeiten von Raffael und Michelangelo.
Spaarne 16
Di–Sa 10–17, So 13–17 Uhr

Essen und Trinken

Rund um den Grote Markt gibt es Cafés und Restaurants, in denen man preiswert und gut essen kann.

Eetkammer
Ambitioniert geht hier eine junge Mannschaft an die Arbeit, raffinierte Küche, italienisch beeinflußt.
Lange Veerstraat 45
Tel. 0 23/5 31 22 61
Tgl. ab 18 Uhr, Di geschl.
Obere Preisklasse (AE, DC, EC, Visa)

Mooi Java
Hier wird exklusiv und seit Jahren in gleichbleibender Qualität die Küche von Ostjava zubereitet. Auch die unvermeidliche Reistafel.
Kruisweg 32
Tel. 0 23/5 32 31 21
Tgl. ab 18 Uhr
Mittlere Preisklasse (AE, DC, EC, Visa)

Einkaufen

In den Gassen des Zentrums, vor allem am Botermarkt und in der Groten/Kleinen Houtstraat, liegen viele kleinere Geschäfte, »winkel« genannt. In ihnen scheint die »gute alte Zeit« bewahrt geblieben zu sein. Rund um den Marktplatz (Cedempte Oude Gracht, Zijl- und Kruisstraat) finden sich die meisten historischen »winkel« – u. a. **Voet en Zon** (Tabak, Kruisstraat 39), **Haarlemer Halletjes** (Schokolade, Kruisstraat 37), **Van der Pigge** (Apotheke, Gierstraat 3).

Service

Auskunft

VVV Haarlem
Stationsplein 1
Tel. 0 23/5 31 90 59, Fax 5 34 05 37

Ziele in der Umgebung

Alkmaar ■ C 2

90 000 Einwohner

Weltberühmt ist die Stadt wegen ihres Käsemarktes, der jeden Freitag (Mitte April bis Mitte September) von 10 bis 12 Uhr auf dem Waagplein stattfindet. Nach den noch heute geltenden Zunftregeln von 1751 schleppen die 28 Käseträger, unterteilt in vier Gruppen, die sich durch die Farben der Strohhüte unterscheiden, die bis zu 160 Kilogramm schweren Bahren vom Käseberg zur Waage. Fluchen und Trinkgelder anzunehmen ist den Männern verboten.

Sehenswert ist das alte Zentrum, in dem die Gebäude aus dem 17. und 18. Jh. fast unversehrt erhalten geblieben sind. Alkmaar erhielt 1254 die Stadtrechte und erlebte seine Blütezeit nach dem 80jährigen spanisch-niederländischen Krieg. Aus den frühen Festungsanlagen wurde eine Parkanlage, auf der die Mühle van Piet noch in Betrieb ist. Am Rande der Altstadt erhebt sich die spätgotische Grote oder St. Laurentiuskerk (1470–1520). Sehenswert auch das Stadhuis mit dem typischen Turm aus dem 16. Jh. in der Lange Straat und die schönen Giebelhäuser an der Oude Gracht, im Stadtteil bei der Mient, an den Grachten Verdronken Oord, Fnidsen und Luttik Ouddorp. Auf den schmalen Grachten sind Bootsfahrten möglich.
Ca. 30 km nördlich von Haarlem

TOPTEN 1

Service

Auskunft

VVV Alkmaar
Waagplein 3
Tel. 0 72/5 11 42 84, Fax 5 11 75 13

Bergen ■ C 2

15 000 Einwohner

Um die Jahrhundertwende hatten Künstler und wohlhabende Holländer Bergen als Wohnort und Sommerfrische entdeckt. Sie bauten sich hier Villen, Schmuckstücke des Jugendstils und der »Amsterdamer Schule«. Im Zentrum des Ortes stehen die Reste einer um 1594 abge-

MERIAN-TIP

Schermer Holländischer kann es nicht sein! 1634 wurde das Polderland, in dem die altholländischen Kleinstädte Graft und De Rijp heute eine Attraktion sind, trockengepumpt. In den Ortskernen stehen zwei der schönsten Renaissancerathäuser, erbaut aus Ziegeln. Bis zum 17. Jh. lagen die Orte auf einer Insel, umgeben vom Meer: De Beemster und de Schermer. Im Museum In't Houten Huis wird die Geschichte von De Rijp dokumentiert (Juli–Aug. tgl. außer Mo 11–17 Uhr; 1. Sept.–31. Okt. Sa, So 11–17 Uhr). Im Schermerland stehen herrliche Bauernhäuser und Windmühlen. Auch von innen zu besichtigen ist die Museumsmühle Schermerhorn (1. April–31. Okt. tgl. 10–17 Uhr, Tel. 0 72/5 02 15 19). ■ C 3

brannten Kirche. Von Bergen führt eine Straße nach **Bergen aan Zee**, dem Badeort mit Hotels, Ferienhäusern und Bungalows. Die angrenzende Wald- und Dünenlandschaft gilt als die schönste Nordhollands. Weitere beliebte Badeorte an der rund 100 km langen Küste: Camperduin, Egmond, Castricum und Wijk aan Zee.

Ein besonderes Erlebnis ist der Besuch des Nordholländischen Dünenreservats, zu dem man von den einzelnen Badeorten Zugang hat. Am breitesten wird der Dünengürtel bei Schoorl, der dann bei Petten unterbrochen wird. Dort wurde ein gewaltiger Seedeich errichtet, der **Hondsbossche**. Dahinter erstreckt sich wieder die typische nordholländische Polderlandschaft mit Windmühlen.
Ca. 40 km nördlich von Haarlem

Auch außerhalb der Sommermonate haben die Nordseestrände ihren Reiz: Strandwanderungen sind ein gesundes Vergnügen, das nicht nur Feriengäste zu schätzen wissen.

Zaandam

■ C 3

Wie Marken bedient auch die **Zaanse Schans** von Zaandam ein bißchen das gängige Holland-Klischee. An der Zaan stehen zahlreiche grüngestrichene Holzhäuser. Vier alte Mühlen mit dem Mühlenmuseum **Koog** ergänzen die Idylle. Auch eine Käserei und eine Holzschuhmacherei sind zu besichtigen. Mit Booten kann man eine Rundfahrt über den Fluß unternehmen.
Auskunft: Tel. 075/6 16 82 18
Tgl. 10–17 Uhr
Ca. 10 km nordöstlich von Haarlem

Zandvoort

■ C 3

15 000 Einwohner

Das Städtchen bei Haarlem ist nicht nur beliebtes Naherholungsziel der Amsterdamer, sondern auch Ziel des Ruhrgebietes. Bei rund 1,5 Mio. Übernachtungen pro Jahr wird es an schönen Wochenenden an den Stränden recht eng. Nördlich des Sandstrandes erstreckt sich der Nationalpark Kennemer Dünen, beliebt bei Wanderern und Radfahrern.
Ca. 8 km südlich von Haarlem

Fischerdörfer mit Vergangenheit, Badeorte hinter Dünen, Kanäle und Seearme zwischen Bauernland... Die Landschaft im Westen der Niederlande wird vorwiegend vom Wasser bestimmt.

Die Provinz Zeeland im Südwesten des Landes, im Mündungsdelta von Maas, Schelde und Rhein gelegen, ist die »jüngste« Landschaft der Niederlande und besteht aus den Inseln Walcheren, Tholen, Süd- und Nord-Beveland, Sint Philipsland und Schouwen-Duiveland. Auf der anderen Seite der Schelde gehört noch Zeeuwsch-Vlaanderen dazu. Der größte Teil des Landes liegt unter dem Meeresspiegel; die einzelnen Inseln und Halbinseln sind inzwischen durch Deiche und Dämme miteinander verbunden. 1953 wurde Zeeland von einer Sturmflut heimgesucht, bei der 1836 Menschen ertranken. Grund genug für den Staat, den Deltaplan, einen gewaltigen Schleusendamm, zu bauen – die Küstenlinie wurde dadurch um 700 Kilometer verkürzt. Die Menschen leben vom Ackerbau, der Fischerei und vom Tourismus. Die Zahl der Übernachtungen liegt zur Zeit bei jährlich 15 Millionen. Es sind vor allem deutsche Gäste, die sich hier wohl fühlen. Hauptstadt der Provinz ist Middelburg.

Mächtige Dünen und Küstenbefestigungen prägen das Bild der Meeresprovinz Zeeland. Eine Landschaft zum tief Durchatmen.

Middelburg

A4/A5

40 000 Einwohner

Auf der ehemaligen Insel Walcheren liegt die um 900 als Burg gegen die Überfälle der Normannen gegründete Hauptstadt der Provinz. 1103 wurde sie als Handelsplatz registriert, 1217 bekam sie die Stadtrechte verliehen, 1561 wurde Middelburg Bischofssitz und entwickelte sich im 17. Jahrhundert zum wichtigsten Hafen neben Amsterdam. Middelburg erlebte seine Blütezeit, als es Mitglied der Handelsgesellschaft VOC war und Handel mit den Ländern in Ostasien und später mit Südafrika trieb.

Aus Middelburg stammen berühmte Kapfahrer und berüchtigte Sklavenhändler. Zeitweise war die Stadt bedeutender und reicher als Amsterdam. Zeugen jener Epoche im 17. Jahrhundert sind die Speicherhäuser, Kontore und Stadtpaläste. Dann versandete die Arne, und der wirtschaftliche Niedergang setzte ein. 1720 wurde die »Commercie Compagnie« gegründet, deren Hauptgeschäft der Sklavenhandel war. Aber auch das nützte nichts. 1850 mußte diese Gesellschaft wieder aufgelöst werden.

Während des Zweiten Weltkriegs stark zerstört, wurde die Stadt in ihrem ursprünglichen Stil wieder aufgebaut. So erfolgreich, daß ihr der Ehrentitel einer »Denkmalstadt« verliehen wurde. Middelburg hat den Charme einer altholländischen Handelsstadt.

Ein Kanal verbindet den Ort mit dem Festungsstädtchen Veere. Am Donnerstag ist Markttag, dann kann man auch die Bauern und Bäuerinnen in ihren historischen Trachten sehen.

Trubelig wird es hier nur am Markttag: Wie wär's mit einem Bummel durch die Straßen des beschaulichen Städtchens Middelburg?

Hotels

Bastion Hotel
Zweckmäßiges einfaches Hotel.
Boschaertsweg 2
Tel. 0118/64 00 44, Fax 64 00 55
40 Zimmer
Untere Preisklasse

De Nieuwe Doelen
Zentral gelegenes Traditionshaus.
Loskade 2–7
Tel. 0118/6 12 12, Fax 63 66 99
26 Zimmer
Mittlere Preisklasse

Spaziergang

Mehr zur Geschichte der alten Stadt erfahren Sie, wenn Sie den Spaziergang »Auf der Spur der VOC«, jener Handelsgesellschaft, die seit 1602 Handel mit Asien unterhält, absolvieren. Die Kombikarte inklusive Rundfahrt und Eintritt ins Zeeuws Museum (ca. 15 hfl.) gibt es beim Verkehrsamt VVV, Markt 65 a.

Sehenswertes

Abdij
Die romanische und frühgotische Klosteranlage Onze Lieve Vrouwe Abdij, nach der teilweisen Zerstörung im Krieg wieder aufgebaut, wird vom 85 m hohen Turm »Lange Jan« (14. Jh.) überragt. Im Gebäude gibt es ein Restaurant und das sehenswerte **Zeeuws Museum**. Eine Kostbarkeit: fünf Wandteppiche, die Szenen aus Seekriegen gegen Spanien zeigen.
Mo–Sa 10–17 Uhr
Eintritt 6 hfl., Kinder 1 hfl.

Nieuwe Kerk
Vom Turm »Lange Jan« der Neuen Kirche aus dem 16. Jh. genießt man einen herrlichen Rundblick. Auf dem Friedhof Gräber von Seehelden.

Stadhuis
Das Rathaus ist ein schönes Beispiel der flämischen Spätgotik und erinnert an das Rathaus von Brüssel. Das im Krieg nahezu gänzlich ausgebrannte Gebäude wurde nach den Plänen aus dem 15. Jh. rekonstruiert und beherrscht heute den Marktplatz. Am Donnerstag ist Markttag, dann treten auch Frauen in den zeeländischen Trachten auf.

Museum

Rammschiff Schorpioen
Merkwürdiges, 120 Jahre altes Kriegsschiff, das zur seltenen Sorte der Rammschiffe zählte.
Loskade
März–1. Nov. tgl. 10–17 Uhr
Eintritt 5 hfl.

Essen und Trinken

Het Groot Paradijs
Elegantes Restaurant. Spezialität sind Fischgerichte.
Damplein 13
Tel. 0118/62 67 64
So und Mo geschl.
Obere Preisklasse (AE, DC, EC, Visa)

Nummer 7
Hier wird sehr abwechslungsreich gekocht. Die Stimmung ist locker, jugendliches Publikum.
Rotterdamsekaai 7
Tel. 0118/62 70 77
Di–So 17–22 Uhr
Mittlere Preisklasse (EC, DC)

Service

Auskunft

VVV Zeeland
Middelburg, Markt 65 a
Tel. 01 18/61 68 51, Fax 64 07 64
(Reservierungskosten 15–30 hfl.)
Mo–Fr 9–17 Uhr

Ziele in der Umgebung

Brouwershaven ■ B 4

Nachdem das Grevelinger Meer dank eines Dammes zum Binnensee wurde, entwickelte es sich zum bevorzugten Wassersportgebiet. Sehenswert im Ort sind die Hallenkirche aus dem 13. Jh., das Renaissancerathaus von 1599 mit dem bekannten Doppelaufgang und die Wallmühle von 1724.
Auf Schouwen, ca. 35 km von Middelburg

Cadzand ■ A 5

8000 Einwohner

Am Strand kann man schwarze Haifischzähne finden, die Millionen von Jahren alt sind. Abgesehen davon gehört das Bad in Zeeuws-Vlaanderen zu den angenehmsten Sommeradressen der Küste. Ausflüge können zu den Festungsstädten Hulst und Sluis, ins Naturreservat **Het Zwin** (ganzjährig geöffnet) führen.
Von Middelburg mit der Fähre über die Westerschelde zu erreichen.

Domburg ■ A 4

4200 Einwohner

Gehört zu den ältesten Badeorten des Landes. Die ersten Badekarren wurden 1834 registriert, das Seebad war beliebtes Ziel von Adel und reichem Bürgertum aus ganz Europa. Dann folgten Künstler, die sich vom »seeländischen Licht« inspirieren ließen und hofften, hier Käufer für ihre Bilder zu finden. Regelmäßige Gäste waren die Maler Jan Toroop und Piet Mondrian. Der kleine Ort gerät übrigens immer wieder in die Schlagzeilen, weil er bei immer mehr deutschen Gästen beliebt ist und die Preise dementsprechend steigen.
Walcheren, ca. 10 km nordwestlich von Middelburg

Selbst als Modell ist der Oosterscheldedamm noch ausgesprochen eindrucksvoll – doch der Delta-Expo-Komplex in seiner Gesamtheit präsentiert sich als Superlativ, bei dem man den Atem anhält.

Delta Expo ■ A 4

Die 1986 in Betrieb genommenen Deltawerke gelten als das kühnste und teuerste Wasserbauprojekt der Welt. Die Bauarbeiten dauerten rund 30 Jahre und kosteten mehr als zehn Milliarden DM. Um Flora und Fauna in der **Oosterschelde** nicht zu schädigen, wurden Sturmflutwehre in die Dämme eingebaut: gigantische Stahlschiebetore zwischen 65 jeweils 40 m hohen Pfeilern. So wird die Oosterschelde nicht vom Gezeitenwechsel abgeschnitten, und doch kann das Land vor Springfluten geschützt werden. Von den Pfeilern ist allerdings kaum etwas zu sehen – fast alles steht unter Wasser.

Delta Expo Neeltje Jans
Ausstellung zum Bau des Flutwehres, Fauna und Flora von Zeeland.
TOPTEN 10
Wasserspielplatz.
Tgl. 10–17.30 Uhr, Nov.–März Mi–So 10–17 Uhr
Eintritt 20 hfl. (inkl. Bootsfahrt), Kinder 4–12 Jahre 15 hfl.
Parken 5 hfl.

Renesse ■ B 4

Die breitesten und längsten Strände Zeelands liegen zwischen dem Badeort Renesse und Burgh Haamstede in der Westhoek. Renesse ist im ganzen Land wegen seines turbulenten Nachtlebens im Sommer bekannt. **Schloß Moermond** (1513), mit einem schönen Renaissanceturm (17. Jh.), wird als Kongreßzentrum genutzt.
Schouwen, ca. 33 km von Middelburg

Veere ■ A 4

4000 Einwohner

Der Ort gilt als das schönste zeeländische Städtchen. Mittelpunkt ist der Turm der nie vollendeten **Onze Lieve Vrouwekerk** (begonnen 1479); außerdem sehenswert: einige gotische Gebäude, u. a. das Rathaus (um 15. Jh.), die Schottenhäuschen und der Campveerse

Hast du Töne: In Vlissingen macht der Wind die Musik – mit diesem Instrument der besonders melodischen Art.

Turm, der einzig erhaltene Teil der Stadtmauer. Yachthafen.
Walcheren, ca. 13 km von Middelburg

Vlissingen ■ A 5

45 000 Einwohner

Hafenstadt und Fährhafen nach Breskens (Zeeuws-Vlaanderen). Neben Ijmuiden ist Vlissingen der einzige direkt an der Nordsee gelegene Hafen. Die erstmals 1247 erwähnte Stadt ist heute mehr Geschäfts- und Industrieort als Seebad. Sehenswert im Stadtzentrum sind das **Rathaus** von 1733 und die alte **Börse** (Beurs) von 1672.
Walcheren, 6 km südlich von Middelburg

Hotel und andere Unterkünfte

Boshotel
Am Einkaufszentrum. In vier Häusern 34 einfache Zimmer.
Spuistraat 59–65
Tel. 01 18/41 33 03
Untere Preisklasse (AE, EC, DC, Visa)

Kastell Westhoeve
Besonders schöne Jugendherberge. Übernachtung mit Frühstück um 31 hfl.
Duinvlietweg 8 (Domburg)
Tel. 01 18/58 12 54, Fax 58 33 42

Yerseke ■ B 5

Fischerort, der von der Austern- und Muschelzucht lebt. In gewaltigen Freiluft-Bassins und Hallen werden die Schaltiere gezüchtet, u. a. auch Hummer für die Feinschmecker in Belgien, Frankreich und Deutschland. Mitte August findet der »Mosseldag« statt. Es besteht dann die Möglichkeit, mit einem Fischkutter mitzufahren und kostenlos Muscheln zu essen. Im Ort gibt es einige gute Fischrestaurants, etwa **Nolet's Vistro**, Yachthafen 6, Tel. 01 13/57 21 01.
An der Oosterschelde, ca. 35 km östlich von Middelburg

Zierikzee ■ B 4

10 000 Einwohner

Vom ehemaligen Reichtum der Stadt gibt der 60 m hohe Turm, der **St. Lievensmonstertoren**, Kunde. Der Bau der Kirche wurde 1454 begonnen, jedoch nie vollendet. Zierikzee ist Hauptort der Insel Schouwen-Duiveland. Sehenswert sind u. a. das **Nobelpoort**, ein Stadttor aus dem 14. Jh., das **Noordhavenpoort** (um 1500), die **Beurs**, 1651 als Renaissancegalerie errichtet, das Gerichtsgebäude **Gravensteen** (1524–1526) und das Treppengiebelhaus **Huis de Haene** (14. Jh.). Ein kunsthistorisches Kleinod ist das **Rathaus** mit dem achteckigen Turm aus dem 14. Jh. Am Nieuwe Haven stehen die steinernen Getreidemühlen **de Haas** (1727) und **de Hoop** (1876).
Ca. 43 km von Middelburg

Museen

Burgerweeshuis
Regentenzimmer mit seltener Goldledertapete. Ständige Ausstellung.
Poststraat 45
Tgl. auf Wunsch, sonst Juli–Aug. Mo–Sa 10–17 Uhr
Eintritt 3 hfl.

Maritiem Museum
Übersicht zur maritimen Vergangenheit der Stadt seit dem Jahre 800.
Het Gravensteen, Mol 25
April–Okt. Mo–Sa 10–17 Uhr
Eintritt 2 hfl.

Liebhaber alter Städte kommen in dieser urholländischen Landschaft ebenso auf ihre Kosten wie Blumenfreunde, Radfahrer, Strandwanderer und Museumsfans.

Die Provinz Südholland mit ihren Städten Rotterdam, Den Haag, Leiden und Delft ist Teil der »Randstad«, jenem weitflächigen Gebiet, zu dem auch Amsterdam und Utrecht gehören. Ein Gebiet in Anführungszeichen, denn es besteht nur bei den Stadtplanern. Diese urholländische Landschaft zeichnet sich vor allem durch ihre Vielfalt aus: Da findet man bei Katwijk, Kijkduin und Hoek van Holland lange Strände mit breiten Dünenketten, die Familienbäder Scheveningen und Noordwijk. Weite Poldergebiete mit Mühlen sieht man bei Kinderdijk. Weltbekannt sind die historischen Städte Delft, Leiden und Gouda, nicht weniger berühmt Dordrecht, der Welthafen Rotterdam, der Verkehrsknotenpunkt Utrecht mit seinen reizvollen Grachten und das Regierungszentrum Den Haag.

Vermeers Wolken

Im Frühjahr stehen die Blumenfelder zwischen Haarlem und Lisse in voller Blüte und sind wegen ihrer Farbenpracht ein Traumziel für Maler und Fotografen. Reizvoll ist es auch, einfach durch die stillen Gassen von Schiedam oder Schoonhoven zu wandern, am Delfter Wijnhaven zu sitzen oder sich im Haager »Mauritshuis« die berühmten Stapelwolken eines Jan Vermeer erklären zu lassen. Wolkenberge, die sich über die maßvolle Stille des hügellosen Landes legen, sind mit ihrem Reichtum an Formen und Farben noch immer ein Markenzeichen Hollands.

Schönstes Flußland

Zwischen Nijmegen und Dordrecht liegt Europas schönste Flußlandschaft, das Vielstromland. Ob zur Baumblüte oder im Herbst, mit dem Rad oder dem Boot: Die Flußlandschaften von Waal, Maas, Ijssel und Rhein sind hervorragend zum Aktivurlaub geeignet. Ein ideales Gebiet zum Wandern und zum Radeln, aber auch Surfer, Kanufahrer und Segler können hier ihr Hobby ausüben.

Das »andere Holland«, wie sich die Gegend in der Mitte des Landes nennt, hat eine bewegte Geschichte, deren Spuren man in den Städten und den zahlreichen Burgen noch nachvollziehen kann. Etwa entlang des Maasufers, jahrhundertelang Kampfplatz der Herzöge von Brabant und Gelre. In Festungsorten wie Heusden und Grave ist diese Zeit lebendig geblieben.

Arnhem

■ D4

130 000 Einwohner

Die Hauptstadt von Gelderland, der größten Provinz der Niederlande, wird bereits 893 erwähnt und liegt reizvoll am Rande der Veluwe. Dank der günstigen Lage am Rhein entwickelt sich »Arcenacum« rasch zur Handelsstadt und zum Verkehrsknotenpunkt der Region im Vielstromland. Arnhem, 200 Jahre Hansestadt, wurde gegen Ende des Zweiten Weltkriegs (»Schlacht um Arnheim«) schwer zerstört, aber modern und farbenfroh wieder aufgebaut.

Arnhem gehört zu jenen Orten, in denen deutschsprachige Gäste – eben wegen des Kriegsgeschehens – mit äußerster Zurückhaltung behandelt werden. Auch zum 50. Jahrestag der Schlacht um Arnhem, der 1994 eindrucksvoll gefeiert wurde, waren keine Deutschen eingeladen worden. Das Verhältnis zwischen den Nachbarn wird nun auch noch durch die deutschen »Drogentouristen« erschwert, die täglich zu Hunderten in die Grenzstadt kommen, um hier Haschisch oder Heroin einzukaufen. Wegen der Übergriffe hat die Polizei in einigen Stadtteilen ein Versammlungsverbot erlassen: Nicht mehr als vier Personen dürfen zusammenstehen.

In der näheren Umgebung von Arnhem lockt der Nationalpark Hoge Veluwe mit Wald und Heide. Im Park befinden sich das ungewöhnliche Jagdschloß St. Hubertus und das Kröller-Müller-Museum mit Werken van Goghs sowie anderer Meister der Moderne.

Raschelndes Laub – und ansonsten nur wohltuende Stille: Im Herbst ist der Nationalpark Hoge Veluwe, das größte Naturschutzgebiet der Niederlande, besonders reizvoll.

Hotels

Rijnhotel
Stadthotel am Rheinufer.
Onderlangs 10
Tel. 0 26/4 43 46 42, Fax 4 45 48 47
60 Zimmer
Obere Preisklasse (AE, DC, EC, Visa)

Postiljon
Am Park gelegenes Stadtrandhotel.
Europaweg 25
Tel. 0 26/3 57 33 33, Fax 3 57 33 61
84 Zimmer
Mittlere Preisklasse (AE, DC, EC, Visa)

Sehenswertes

Duivelshuis
Das alte Rathaus (1540) erhielt seinen Spitznamen »Teufelshaus« wegen der Fratzen an der Fassade.
Grote Markt

Faszination für jung und alt: Neben rund 70 historischen Bauernhöfen wurde im Freilichtmuseum von Arnhem auch diese Papiermühle originalgetreu wieder aufgebaut.

Grote Kerk
Die im Zweiten Weltkrieg schwer zerstörte spätgotische Basilika (15. Jh.) wurde sorgfältig wieder aufgebaut. Prunkstück der Ausstattung ist der Renaissance-Marmorsarkophag des Herzogs von Geldern, Karl von Egmond (1538).
Grote Markt

Museum

Openluchtmuseum
Das 1912 gegründete Freilichtmuseum im weitläufigen Park »De Waterberg« gilt als der Prototyp ähnlicher Anlagen. Das Landgut umfaßt Bauernhöfe, Wassermühlen, Handwerksbetriebe und Fischerkaten aus dem letzten Jahrhundert.
Schelmseweg 89
April–Okt. Di–Do 10–17 Uhr
Eintritt 16 hfl., Kinder 10 hfl.

Paleis Het Loo
Früherer Sommerpalast des Königshauses, heute National-Museum. Barocker Garten.
Amerfoortseweg 1 (Apeldoorn)
Di–So 10–17 Uhr
Eintritt 12.50 hfl.

Essen und Trinken

Chez Arie
Traditionsreiches Haus, in dem Arie Scheepbouwer holländische Produkte veredelt.
Amsterdamseweg 160
Tel. 0 26/4 45 61 91
Tgl. ab 18 Uhr
Obere Preisklasse (AE, DC, EC, Visa)

Memories of Asia
Fisch und Dim-Sum-Leckereien.
Velperplein 16
Tel. 0 26/4 45 26 51
Obere Preisklasse (AE, DC, EC, Visa)

Service

Auskunft

VVV Arnhem
Stationsplein 45
Tel. 09 00/2 02 40 75,
Fax 0 26/4 42 67 67

Ziele in der Umgebung

Buren D 4

Inmitten des Vielstromlandes zwischen Waal und Nederrijn findet man mehrere alte Bauerndörfer, schöne Schlösser, etwa die Wasserburg Loevestein, und das historische Buren. Bestimmt wird das noch vollständig von einer Mauer umgebene Festungsstädtchen vom Turm der spätgotischen **St. Lambertuskerk.** Der gesamte Ort – Oranjestad genannt – steht unter Denkmalschutz und ist eng mit dem Geschlecht der Nassauer verbunden, dem auch das holländische Königshaus entstammt. Im alten Rathaus befindet sich das Museum **Buren en Oranje** (Juli–Sept. Mo–Sa 10–16.30 Uhr, April–Juni Mo–Sa 13–16 Uhr, Eintritt 3.50 hfl.).
Ca. 40 km westlich von Arnhem

Deventer E 3

67 000 Einwohner

Bereits im 9. Jh. war die Stadt an der IJssel ein wichtiges Handelszentrum. Die ehemalige Hansestadt hat einige historische Gebäude zu bieten: z. B. die romanische **Bergkerk** (um 1200), deren Türme aus dem 15. Jh. stammen. Um 1046 wurde die **Grote Kerk**, eine frühromanische Basilika, begonnen, von der die Krypta sowie Teile des Chores und des Kreuzgewölbes erhalten geblieben sind. Der barocke Turmabschluß stammt aus dem Jahre 1612. Eine Mischung verschiedener Stile weist das **Rathaus** am Grote Kerkplein auf. Auffallend auch die **Waage** (Brink 57), ein spätgotisches Bauwerk von 1528.
Ca. 40 km nördlich von Arnhem

Hoge Veluwe D 3/D 4

TOPTEN 4

Diesen ungemein abwechslungsreichen Nationalpark – ein rund 6000 ha großes Areal von lichten Mischwäldern und Heideflächen – bevölkern zahlreiche Wildtiere. Das Gelände war ehemals im Privatbesitz eines Industriellen, der 1914 bis 1920 auch das skurrile **Jagdschloß St. Hubertus** im Park errichten ließ. Die eigentliche Attraktion aber ist das wunderschön gelegene **Kröller-Müller-Museum** (1938). Der prominent besetzte Skulpturengarten rundet den Kunstgenuß ab. Hier ist eine harmonische Synthese zwischen Kunst und Landschaft gelungen, wie sie in Europa sonst nur noch das Museum Louisiana in Kopenhagen oder die Kunstinsel Hombroich zu bieten hat.

Der Zugang zum Park (8 Uhr morgens bis Sonnenuntergang) ist von Otterlo, Hoenderlo oder Schaarsbergen möglich.
Ca. 15 km nordwestlich von Arnhem

Museum

Kröller-Müller-Museum
Der Bau des Architekten Henry van de Velde beherbergt die bemerkenswerte Kunstsammlung des Stifterehepaares. Neben zahlreichen Arbeiten van Goghs sind weitere Meisterwerke der modernen Kunst (u. a. Picasso, Mondrian) ausgestellt.
TOPTEN 4
Houtkampweg 6, Otterlo
Tel. 03 18/59 10 41
Di–So 10–17 Uhr
Eintritt 8 hfl., Kinder 4 hfl.

Kampen

D 3

Ebenso malerisch wie die anderen Ijsselstädte erstreckt sich auch die ehemalige Hansestadt am Fluß. Von der historischen Bebauung sind drei Stadttore erhalten geblieben: **Broederpoort** (1465), **Cellebroederspoort** (15. Jh.), **Koornmarktpoort** (15. Jh.). Die einst wohlhabende Stadt hat sich vor allem im Gassengewirr bis zur Gracht Burgwal ihren Charme bewahrt. Von den sieben Kirchen sind die **Broederkerk** (1473–1490) und die gotische **Boven Kerk** am eindrucksvollsten. Die spätgotischen Figuren am **Rathaus** (16. Jh.) wurden erneuert.
Ca. 70 km nördlich von Arnhem

Nijmegen

D 4

150 000 Einwohner

Wenige Kilometer hinter der deutschen Grenze erhebt sich die neben Maastricht älteste Stadt der Niederlande. Das einst reiche Handelszentrum, verkehrsgünstig im Vielstromland zwischen Waal, Rhein und Maas gelegen, ist die heimliche Hauptstadt des Gelderlandes. Nicht nur durch ihre Architektur, sondern vor allem durch ihre Lebensfreude unterscheidet sie sich von Arnhem. Nijmegen, als römische Siedlung von Kaiser Trajanus gegründet, Reichs- und Hansestadt, wurde gegen Ende des letzten Krieges von

Reizvoller Kontrast zu Bäumen und Büschen: Die Plastiken im Skulpturenpark des Kröller-Müller-Museums sind Bestandteile einer bemerkenswerten Sammlung moderner Kunst.

britischen Bomben zerstört. Der Aufbau gelang beispielhaft, vor allem die Gestaltung der zum Waalufer abfallenden Unterstadt. Dort verläuft die Waalpromenade mit typischen Kneipen, Restaurants, Terrassencafés, dem Spielkasino und dem Heckdampfer »Mississippi Queen«. Im Schatten der **St. Stevenskerk** (1260–1560) erstreckt sich ein authentisches Stück Altstadt: Der dreieckige **Marktplatz** mit der Stadtwaage von 1612 bildet das Zentrum der Universitätsstadt.

Die Landschaft in der Umgebung der Stadt, das »Reich von Nijmegen«, ist ein beliebtes Naherholungsgebiet. Am Maasufer – zwischen Mook und Woudrichen – sind durch Sandabgrabungen große Seen entstanden, die als Yachthäfen genutzt werden und bei Surfern beliebt sind. Wander- und Radwege führen durch die Betuwe, eine Bilderbuchlandschaft mit Deichen und Obstplantagen – während der Baumblüte ein gefragtes Ausflugsziel.
Ca. 17 km südlich von Arnhem

Museen

Bijbels Openlucht Museum
Die Geschichte der Bibel an Bauwerken anschaulich gemacht.
Profetenlaan 2
20. März–2. Nov. tgl. 9–17.30 Uhr
Eintritt 11 hfl., Kinder 6 hfl.

Kastell Huis Bergh
Eindrucksvolles Schloß mit Café.
Hof van Bergh 8
's Heerenberg (bei Emmerich)
Führungen Tel. 03 14/66 12 81
Eintritt 8.50 hfl., Kinder 5 hfl.

Essen und Trinken

Belvédère
Stimmungsvoller Wachturm.
Kelfkenbos 60, Tel. 0 24/3 22 68 11
So geschl.
Obere Preisklasse (AE, DC, EC, Visa)

Service

VVV Nijmegen
Sint Jorisstraat 72
Tel. 0 24/3 22 54 40
Mo–Fr 9–18, Sa 9–16 Uhr

MERIAN-TIP

Ausflugscafé Oortjeshekken Ganz unspektakulär, aber idyllisch in Ooij bei Nijmegen am Deich gelegen: ein stimmungsvolles Ausflugscafé, wie man es gerne aufsucht, aber leider selten findet. Das Essen ist deftig und ehrlich. In dem Landgasthaus gibt es auch nette kleinere und größere, jedenfalls liebevoll und individuell gestaltete Hotelzimmer. Ooij, Erlecomsedam 4, Tel. 0 24/6 63 12 88, tgl. außer Di 10–19 Uhr, Untere Preisklasse ■ D 4

Den Haag

■ B3/B4

445 000 Einwohner
Stadtplan → Umschlag Rückseite

Den Haag ist die drittgrößte Stadt des Landes, Hauptstadt der Provinz Südholland und Residenz der königlichen Familie. Bekanntester Stadtteil ist Scheveningen, Fischereiort und Badeplatz an der Nordsee. Im Haag ist alles ein wenig vornehmer, sauberer, aber auch ruhiger und zurückhaltender als in Amsterdam. Hier wird auf die gesellschaftliche Rangordnung geachtet, gibt es »Salons« und wird zu »Soireen« eingeladen. Haag entstand, als Willem II., Graf von Holland und deutscher König (1247–1256), um 1247 eine Burg in der Nähe des Jagdschlosses Haghe errichten ließ. Floris V. erbaute um 1280 die Hooge Sale, den heutigen Ridderzaal und Zentrum des Binnenhofs, des Regierungssitzes. 1370 wird in einer Urkunde erstmals das »dorp van der Haghe« vermeldet. 1811 erhält »das größte Dorf Europas« von Louis Bonaparte, König von Holland, die Stadtrechte verliehen.

's Gravenhage, wie sich die Stadt offiziell nennt, ist Mode- und Einkaufsstadt, und jeder, der sich für Antiquitäten, Kuriosa und Kleinkunst interessiert, kommt hierher. Die Stadt gilt als das »Düsseldorf der Niederlande«, für die einen eine Beschimpfung, für die anderen ein Lob. Vielleicht aber liegt es am Königshaus, das hier residiert, daß Den Haag trotz seiner berüchtigten Arroganz bei den Niederländern beliebt ist.

Scheveningen hatte im letzten Jahrhundert seine große Zeit. Das Seebad ist vor allem bei Tagestouristen beliebt. Im benachbarten **Kijkduin** geht es ruhiger zu.

Alles vom Feinsten: Quasi stellvertretend für die vornehme Stadt Den Haag und ihre Bewohner thront Wilhelm von Oranien hoch zu Roß vor dem Palais Noordeinde.

Hotels

Corona a 3
Charmantes Stadthotel.
Buitenhof 39–42
Tel. 0 70/3 63 79 30, Fax 3 61 57 85
26 Zimmer
Obere Preisklasse (AE, DC, EC, Visa)

Des Indes b 3
Treffpunkt von Politikern und Haager Geldaristokratie.
Lange Voorhout 54
Tel. 0 70/363 29 32, Fax 3 45 17 21
76 Zimmer
Luxusklasse (AE, DC, EC, Visa)

Duinhostel
Eine bei Jugendlichen sehr beliebte Adresse im Vorort Wassenaar.
Duinrell 1
Tel. 0 17 51/1 93 14, Fax 1 23 39
Bus 64, 68
122 Schlafplätze
Untere Preisklasse

Mimosa
Nettes Badehotel in Scheveningen.
Renbaanstrat 18–24
Tel. 0 70/3 54 81 37, Fax 3 50 62 69
Tram 1, 7, 9,
24 Zimmer
Untere Preisklasse

Narwal
Reizvoll gelegenes Familienhotel, angenehme Zimmer, nette Atmosphäre. Im Vorort Wassenaar.
Oud Clingendaal 7
Tel. 0 17 51/7 75 23, Fax 7 66 82
Bus 18
23 Zimmer
Untere Preisklasse

Novotel a 3
Modernes Hotel im Zentrum.
Hofweg 5
Tel. 0 70/3 64 88 46, Fax 3 56 28 89
104 Zimmer
Obere Preisklasse (AE, DC, EC, Visa)

Parkhotel a 3
Angenehmes Haus im Zentrum, etwas angestaubte Atmosphäre.
Molenstraat 53
Tel. 0 70/3 62 43 71, Fax 3 61 45 25
Zentrum
114 Zimmer
Mittlere Preisklasse (AE, DC, EC, Visa)

Spaziergang

Vom **Buitenhof** aus spaziert man zum **Lange Vijverberg**, der dem Tatendrang von Albrecht van Beieren zu danken ist. Der gebürtige Münchner, Graf von Holland und Zeeland, förderte die Entwicklung zur Stadt und legte diese Allee an. Von den zahlreichen Stadtpalästen gilt das **Haus von Cornelis van Schuylenburg**, 1715 im strengen klassizistischen Stil erbaut, als das schönste. Heute ist es Amtssitz des deutschen Botschafters. Das frühere Stadtgefängnis, der **Gevangenenpoort**, Buitenhof 33, wurde 1296 als Tor zum **Binnenhof**, dem Grafenschloß, erbaut. Entlang der Durchgangsstraße Spui und hinter der Grote Marktstraat steht auf der rechten Seite die **Nieuwe Kerk** (Spui 173a). Anlehnend an die Ideen des Amsterdamer Baumeisters Hendrick de Keyser erbaute Pieter Noorwits 1649 bis 1665 diese Kirche im Auftrag der »Societeit van Holland«. Im Zentrum das **Oude Stadhuis**, das Rathaus, 1564/65 im Stil der italienischen Renaissance erbaut. Der Groenmarkt, der Gemüsemarkt, war einst das Zentrum der Stadt und wird umschlossen von Rathaus und der **Grote** oder **Jacobskerk**. Diese gotische Hallenkirche aus dem 15. Jh. fällt vor allem durch ihren sechseckigen und gut 100 m hohen Turm auf. Von der Aussichtsplattform hat man einen schönen Rundblick.

Sehenswertes

Binnenhof ■ a 3/b 4
Das Regierungszentrum betritt man durch das Stadthouderspoort. Historischer Mittelpunkt ist der Rittersaal, dessen Fundamente noch aus dem 13. Jh. stammen. Das viereckige Gebäude mit seinen charakteristischen vier Ecktürmen dient seit 1904 repräsentativen Zwecken. Mit dem Bau der umliegenden Flügel wurde 1777 begonnen.
Tram 3, 8
Mo–Sa 10–16 Uhr, auch Führungen
Eintritt 5.50 hfl.

Gevangenenpoort ■ a 3
Das Kerkertor, Teil des Grafenschlosses von 1296, war im 15. Jh. Stadtgefängnis. Das Innere, u. a. eine Folterkammer, kann besichtigt werden.
Buitenhof 33
Tram 3, 7, 8, 12
Mo–Fr 10–16, Sa–So 13–16 Uhr
Eintritt 6 hfl., Kinder 4 hfl.

Madurodam
Kitsch, Vergnügen – oder was? Holland im Maßstab 1 : 25 nachgebaut.
George Maduroplein 1
Tgl. 9–17, 24. März–30. Sept. bis 22 Uhr
Eintritt 19.50 hfl., Kinder 14 hfl.

Vredespaleis ■ a 1
Der 1907 bis 1913 aus rotem Ziegel erbaute Friedenspalast ist heute Sitz des Internationalen Gerichtshofes. Die Innenausstattung des im Stil der Neogotik und des Klassizismus erbauten prunkvollen Gebäudes ist ein Geschenk verschiedener Länder.
Carnegieplein 2
Tram 7, 8
Mai–Okt. Mo–Fr 10–16 Uhr;
Okt.–Mai Mo–Fr 10–15 Uhr
Eintritt 5 hfl.

Museen

Galerij Prins Willem V. ■ a 3
Die aus dem Jahre 1774 stammende Galerie zeigt u. a. Arbeiten von Jan Steen, Hem und Philips Wouwerman, Roeland Saverij, Jacob van Loo und Cornelis de Man.
Buitenhof 35
Tram 3, 7, 8, 12
Di–So 11–16 Uhr
Eintritt 2.50 hfl.

Mauritshuis ■ b 3
Werke aller bedeutenden niederländischen Maler des »Goldenen Zeitalters« und des 19. Jh. Das Königliche Gemäldekabinett gilt als Kleinod. Zu sehen sind u. a. von Vermeer die »Ansicht auf Delft«, »Mädchen mit den Perlen« und »Diana mit ihren Nymphen«; ferner Werke von Rubens, den deutschen Malern Cranach und Holbein dem Jüngeren, 13 Gemälde von Jan Steen, Werke von Jan van Ruisdael (»Ansicht von Haarlem«), zwei Selbstporträts von Rembrandt, die berühmte »Anatomische Vorlesung des Dr. Tulp« (1632), »Simon im Tempel« (1631), »Susanne im Bade«.
Korte Vijverberg 8
Tram 1, 2, 3, 7, 8, 9, 11
Di–Sa 10–17, So 11–17 Uhr
Eintritt 10 hfl., Kinder 5 hfl.

Panorama Mesdag ■ b 2
Das größte Panoramabild (1680 qm) der Welt: Scheveningen mit Dünen, Meer und Strand um 1881. Kinder sind von dem 14 m hohen Naturbild begeistert.
Zeestraat 65B
Tram 7, 8
Mo–Sa 10–17, So 12–17 Uhr
Eintritt 5 hfl., Kinder 2.50 hfl.

Zeemuseum
Für Muschel- und Korallenliebhaber und Freunde des Meeres ganz allgemein. Das Museum ist in einer ehemaligen Fischauktionshalle untergebracht.
Dr. Lelykade 39 (Scheveningen)
Mo–Sa 10–17, So 13–17 Uhr
Eintritt 5 hfl., Kinder 3 hfl.

Essen und Trinken

Bistro-mer ■ b 1
Für Fischliebhaber.
Javastraat 9
Tel. 0 70/3 60 73 89
Tgl. 17.30–23, Mo–Fr 12–15 Uhr
Mittlere Preisklasse (AE, DC, EC, Visa)

Borobudur ■ b 4
Gerichte in bester indonesischer Tradition.
Bagijnestraat 23–25
Tel. 0 70/3 59 96 91
Mo geschl.
Mittlere/Obere Preisklasse

Fanfare ■ a 3
Schicke Version eines Eetcafés, Gerichte mit französischem Touch. Auch vegetarisch.
Groenmarkt 34
Tel. 0 70/361 55 22
Mittlere Preisklasse

Havenrestaurant
Empfehlenswert sind Fischgerichte, freundliche Bedienung.
Treilerdwarsweg 2
Tel. 0 70/3 54 57 83
Tgl. außer So bis 19 Uhr
Untere/Mittlere Preisklasse

Kurhaus
Im historischen Prachtbau lunchen. Reservieren!
Gevers Deynootplein 30
Tel. 0 70/4 16 26 38
Obere Preisklasse (AE, DC, EC, Visa)

Rederserf
Ein modernes Großrestaurant, in dem vor allem Fisch serviert wird.
Schokkersweg 37, Tweede Haven, Scheveningen
Tel. 0 70/3 50 50 23
Obere Preisklasse (AE, DC, EC)

Einkaufen

Zentrum des Einkaufsviertels ist die **Haagse Passage** zwischen Spuistraat und Buitenhof. Der Glaskuppelbau ist im venezianischen Stil erbaut. Das **Maison de Bonnetiere** an der Paleispromenade ist das eleganteste Warenhaus, weitere Kaufhäuser in der Grote Marktstraat.

Am Abend

Casino Scheveningen
Roulette, Black Jack, Punto Blanco.
Kurhaus
Tgl. 13.30–2Uhr
Eintritt 6 hfl. (korrekte Kleidung und Legitimation erforderlich)

Muziektheater ■ b 4
Stammhaus des Residenzorchesters und des Niederländischen Tanztheaters.
Spui (Zentrum)
Tel. 0 70/3 60 49 30 (Ballett), 3 60 98 10 (Konzerte)

De Paap ■ a 3
Musikcafé, sonntags auch Jazz.
Papestraat 32
Tel. 0 70/3 65 20 02

VSB Circustheater
Musicals, Theater, Restaurant.
Circusplein 4
Tel. 06/3 30 01 00

Service

Auskunft c 4

Verkehrsbüro (VVV)
Theaterkarten, Rundführungen, Hotelreservierungen, Informationen.
Kon. Julianaplein 30 (neben Centraal Station)
Tel. 0 70/3 63 56 76, Fax 3 46 24 12
Mo–Sa 9–17.30, Juli–Aug. So 10–17 Uhr

VVV Scheveningen
G. Deynootweg 1134
Tel. 06/3 40 350 51 (50 Cent pro Minute), Fax 3 52 04 26
Mo–Sa 9–17.30, So 10–17 Uhr

Den Haag ab 60 Gulden
Das Visitors & Convention Bureau bietet günstige Pauschalangebote an. Auf der Basis von ein oder zwei Hotelübernachtungen – zwischen 60 und 390 Gulden – stehen folgende Programme zur Auswahl: gemütlich Tafeln, Einkaufsbummel, Scheveningen. In den Arrangements sind u. a. das Diner, ein Den-Haag-Scheckbuch, Casino- und Madurodam-Besuch enthalten. Auskunft beim VVV.

Ziele in der Umgebung

Delft

B 4

89 000 Einwohner
Stadtplan → S. 72

TopTen 6

Das historische Herz von Delft schlägt an der Oude Delft, dem um 1100 gegrabenen Kanal. Die Stadt, in der heute rund 20 000 Studenten (Technische Universität, Forschungsinstitute) für Leben sorgen, erhielt 1246 die Stadtrechte, wurde 1536 durch einen Brand verwüstet und war Residenz der Statthalter von Oranien. Wilhelm von Oranien (Willem van Oranje) wurde 1584 auf Geheiß König Philipp II. von Spanien im Prinsenhof ermordet.

In dieser altholländischen, nur wenige Kilometer südlich von Den Haag gelegenen Stadt gibt es noch zahlreiche Winkel und Gassen zu entdecken, die aussehen wie bei Jan Vermeer van Delft (1632–1675). Sein berühmtestes Bild »Ansicht von Delft« (zu sehen im Mauritshuis, Den Haag) zeigt den Blick auf seine Vaterstadt vom östlichen Stadttor, dem **Oostpoort** (um 1400), aus. Auch heute noch hat man von diesem einzigen erhalten gebliebenen Stadttor einen schönen Blick auf die Stadt. Lohnenswert ist ein Spaziergang auf den Spuren des Malers Vermeer. (Die Stadt feierte 1996 ihr 750jähriges Bestehen). Ein Plan ist beim Verkehrsamt erhältlich. Berühmt wurde Delft durch seine Fayencen im 17. und 18. Jh.; Kennzeichen ist das »Delfter Blau«, die Randverzierungen mit Vögeln, Blumen und Emblemen. Delft, geprägt von studentischer Lebenslust und calvinistischer Sittenstrenge, muß man sich erwandern. Zentrum ist der **Markt** mit **Nieuwe Kerk** und **Stadhuis** – davor steht das Bronzedenkmal des Delfter Rechtsgelehrten Hugo Grotius. In der Nieuwe Kerk (14./15. Jh.) ist das Prunkgrab von Willem van Oranje, ein monumentales Renaissancedenkmal, zu

Pompöser geht's kaum: Das prachtvolle Jugendstilgebäude des Kurhauses von Scheveningen – es stammt aus dem Jahre 1884 – ist heute Hotel, Restaurant und Casino.

bewundern. Der 108 m hohe Turm, Brabanter Gotik, ist mit einem Carillon der Amsterdamer Glockengießer Hémony ausgerüstet. Den Markt säumen Patrizierhäuser, die **Stadtwaage** von 1770 hinter dem Renaissancerathaus wird heute als Theater genutzt. Durch die Hippolytusbuurt gelangt man zur **Oude Kerk**. Die alte Kirche wurde zwischen dem 13. und 15. Jh. erbaut, der 75 m hohe Turm neigt sich um fast 2 m zur Seite. Im Inneren eine geschnitzte Holzdecke, zwei Grabmäler der Seehelden Piet Hein und Maarten H. Tromp. In der Kirche liegt auch Vermeer begraben. Über die Oude Delft gelangt man zum **Prinsenhof**, um 1400 als Kloster St. Agatha erbaut. Delft war zu Zeiten Willems van Oranje Zentrum des Widerstandes im Freiheitskampf. An der Oude Delft 147 steht das schmalste Haus der Stadt, und hinter Nr. 161 wohnte der Genremaler Pieter de Hoogh (1629–1684). Am anderen Ende der Oude Delft das **Zeughaus** (um 1610), Waffenkammer der Staaten von Holland und Westfriesland; im **Armamentarium** (Eingang Korte Geer 1) ist heute das Kriegsmuseum untergebracht. Ca. 10 km südlich von Den Haag

Weltberühmt: Vom »Delfter Blau« und den Delfter Kacheln hat wohl jeder schon gehört. Wer die Kunstwerke auch sehen will, hat in drei Manufakturen Gelegenheit dazu.

Hotels/andere Unterkünfte

De Ark ■ a 2
Drei historische Häuser an idyllischer Gracht. Moderne Zimmer.
Koornmarkt 59–65
Tel. 0 15/2 15 79 99
22 Zimmer
Mittlere Preisklasse

De Kok ■ a 3
Ganz typisches Kleinstadthotel, enge, aber gemütliche Zimmer.
Houttuinen 15
Tel. und Fax 0 15/2 12 21 25
7 Zimmer
Mittlere Preisklasse (AE, DC, EC, Visa)

Leeuwenbrug ■ a 3/b 3
Zwei Grachtenhäuser, angenehme Atmosphäre, ansprechend eingerichtete Zimmer.
Koornmarkt 16
Tel. 0 15/2 14 77 41, Fax 2 15 97 59
38 Zimmer
Mittlere Preisklasse (AE, EC, Visa)

Museumshotel Residence ■ a 1
Bestes Haus im alten Zentrum.
Oude Delft 189
Tel. 0 15/2 14 09 30, Fax 2 14 09 35
51 Zimmer
Obere Preisklasse (AE, DC, EC, Visa)

Sehenswertes

Begijnhof ■ a 1
Hof mit altkatholischer barocker »Geheimkirche« (1743).
Begijnhof 21

Hofje van Gratie ■ b 1
Ein malerischer Innenhof aus dem Jahre 1575.
Van der Mastenstraat 26–38

Hofje van Pauw ■ b 1
Idyllische Wohnsiedlung, die 1701 gestiftet wurde, besonders sehenswert ist das Regentenzimmer.
Paardenmarkt 54–62

Klaeuws Hofje ■ c 3
Damenstift aus dem Jahre 1605. Nahebei das einzig erhaltene Stadttor, **Oostpoort**, aus dem 15. Jh.
Oranje Plantage 57–77

Molen de Roos ■ a 1
Eine Kornmühle aus dem 15. Jh.
Phoenixstraat 51

Sint Barbaraklooster ■ a 3
Einst Waisenhaus, erbaut 1405, heute Studentenheim
Oude Delft 55–57

Museen

Het Prinsenhof ■ a 1
Ehemalige Residenz der Oranier. Während des niederländischen Freiheitskampfes macht Wilhelm I. von Oranien den Prinsenhof zu seinem Hauptquartier und Wohnsitz. Heute Städtisches Museum mit Historischem Saal, auch »Moordhal« genannt, weil dort am 10. Juli 1584 die Kugeln des Mörders den Stammvater des Königshauses, Wilhelm von Oranien, tödlich trafen. Die Ausstellung widmet sich dem 80jährigen Krieg und der Familiengeschichte derer von Oranien. Café. Bei einem Rundgang durch das ehemalige Kloster sollte der Blick in den Kreuzgang aus dem 15. Jh. nicht versäumt werden.
St. Agathaplein 1
Di–Sa 10–17, So 13–17 Uhr
Eintritt 5 hfl.

Rijksmuseum Lambert van Meerten ■ a 1
Herrenhaus aus dem 19. Jh. Stilzimmer, mit Renaissancemöbeln ausgestattet; es gibt Fliesen, Silber, aber auch schöne Fayencen zu sehen.
Oude Delft 199
Di–Sa 10–17, So 13–17 Uhr
Eintritt 3.50 hfl.

Essen und Trinken

Den Blaeuwe Snoeck ■ b 1
Elegant, frische Fischspezialitäten.
Verwersdijk 14
Tel. 0 15/2 13 88 50
Di geschl.
Obere Preisklasse (AE, DC, EC, Visa)

DeDis ■ b 2
Deftige holländische Küche.
Beestenmarkt 36
Tel. 0 15/2 13 17 82
Mi geschl.
Mittlere Preisklasse (AE, EC, Visa)

Stadspannekoeckhuys ■ a 2
Stadtbekannt für schmackhafte Pfannkuchen und kleinere Gerichte.
Oude Delft 113–115
Tel. 0 15/2 13 01 93
Tgl. 11–21 Uhr
Untere Preisklasse

Einkaufen

Jeden Donnerstag (8.30–17 Uhr) **Wochenmarkt** auf dem Markt und **Blumenmarkt** auf Hippolytusbuurt. **Flohmarkt** von Ende April bis September jeden Samstag (8.30–17 Uhr) an den Grachten. Zahlreiche Geschäfte verkaufen Delfter Fayencen. Drei Manufakturen, darunter die älteste (mit Verkauf), können besichtigt werden:

De Porceleyne Fles
Rotterdamse Weg 196
Tel. 0 15/2 56 92 14
Mo–Sa 9–17 Uhr

Delft Pottery
Delftweg 133
Tel. 0 15/2 12 49 20
Mo–Sa 9–16 Uhr

Atelier de Candelaer ■ b 2
Kerkstraat 14
Tel. 0 15/2 13 18 48
Mo–Sa 9–17 Uhr

Service

Auskunft

VVV Delft ■ b 2
Markt 85
Tel. 0 15/2 12 61 00, Fax 2 15 86 95
Mo–Fr 9–18, Sa 9–17, So 10–15 Uhr; Okt.–April So geschl.

Grachten-Rundfahrten ■ a 2
Koornmarkt 113
Tel. 0 15/2 12 63 85
Tgl. 10.30–18 Uhr (April–Okt.)
Preis 8.50 hfl.

Pferdebahn ■ b 2
Markt
Tgl. außer Do (zwischen Ostern und Sept.)
Preis ab 5 hfl.

Leiden ■ B 3/C 3

110 000 Einwohner

Leidens Innenstadt wirkt nicht entseelt und verwechselbar, denn die Stadtplaner haben sich bei der Sanierung zum Glück zurückgehalten. Durch das historische Zentrum der ältesten Universitätsstadt des Landes fließt immer noch der Alte »Rijn«. Leythen (»an den Wasserläufen«) erhielt 1266 die Stadtrechte und wurde wohlhabend durch die Tuchweberei. Während des 80jährigen Krieges war die Stadt zweimal von den Spaniern belagert. Als Dank für ihren Widerstand konnten die Einwohner zwischen Steuerfreiheit und einer Universität wählen; 1575 entschieden sie sich für die Hochschule. Nicht nur als Stadt der Wissenschaft, der Glaubensfreiheit – hier lebten die legendären Pilgerväter, bevor sie 1620 nach Amerika aufbrachen –, auch als Hort der Kultur ist sie bekannt. Maler wie Lucas van Leyden, Jan Steen und Rembrandt wurden hier geboren.

Ihrem bekanntesten Sohn, Rembrandt Harmensz van Rijn (1606–1669), widmet die Stadt die Wanderung »Auf den Spuren des jungen Rembrandt«: Vom **Galgewater** – in einer ehemaligen Zimmermannswerkstatt (1612) ist Rembrandts Atelier rekonstruiert – geht es durch einige hübsche Gassen zum **Academiegebäude** (Rapenburg Gracht 73). Dort erstreckt sich der 1590 angelegte **Botanische Garten**; hier blühten 1594 die ersten Tulpen. Rembrandt besuchte 1614 bis 1620 die Lateinschule an der Schoolstraat. Der ausgeschilderte Weg führt zur spätgotischen **St. Pieterskerk**. Weitere Stationen: **Vismarkt** am Nieuwe Rijn, Aalmarkt mit der **Stadtwaage** (1658), Städtisches Museum **De Lakenhal** (Oude Singel 32).

Hotels/andere Unterkünfte

De Doelen
Stadthotel im Zentrum.
Rapenburg 2
Tel. 0 71/5 12 05 27
16 Zimmer
Mittlere Preisklasse (AE, DC, EC, Visa)

Camping de Carlton
Kraaierslaan 13, Noordwijk
Tel. 02 52/37 27 83

Sehenswertes

Hofjes
Die Tuchmacherstadt ist auch bekannt für die große Zahl idyllischer Hofjes, von denen das **Sint Annahofje** (1492–1507), Hooigracht 9, besonders sehenswert ist. Das Innere der Kapelle wurde durch die »Bilderstürmer« von 1566 nicht zerstört. Das Sandsteintor stammt aus dem Jahre 1685. Seinen altertümlichen Charme hat auch das **Schachtenhofje** in derselben Gracht bewahrt. Besonders auch das 1640 gestiftete **Hofje van Broekhoven** (Papengracht 16) und das mit 30 Häusern größte Stift der Stadt, **Meermansburg** (Oude Vest 159). Restauriert ist das Regentenzimmer, heute Pfeifenmuseum.

TOPTEN 2

Keukenhof (Lisse) C 3
Bekannter Blumengarten. Bahn bis Leiden, mit Bus Nr. 54 nach Lisse.
Tgl. 8–19.30 Uhr (23. März–22. Mai)
Eintritt 17 hfl., Parkplatz 3 hfl.

Museen

Hortus Botanicus
Botanischer Garten mit Orangerie.
Rapenburg 73
Mo–Sa 9–17, So 10–17 Uhr (1. April–31. Sept.)
Eintritt 5 hfl.

De Lakenhal
In dieser früheren Tuchhalle werden die Stadtgeschichte dokumentiert und Arbeiten von den Leidener Malern Rembrandt, Van Steen, Van Leyden sowie den Rembrandt-Lehrern Jacob van Swanenburgh und Pieter Lastman gezeigt.
Oude Singel 32
Di–Fr 10–17, Sa/So 12–17 Uhr
Eintritt 5 hfl.

Rijksmuseum van Oudheden
Archäologisches und Altertumskundemuseum. Sehenswert ist der original aufgebaute Nubische Tempel. Angeschlossen ist das Prentenkabinett, Zeichnungen und Radierungen seit dem 16. Jh.
Rapenburg 28
Di–Sa 10–17 Uhr, So 12–17 Uhr
Eintritt 5 hfl.

Essen und Trinken

De Dikke Dragoner
Schmackhafte Tellergerichte in urholländischer Atmosphäre. Terrasse.
Hoge Woerd 16
Tel. 0 71/5 14 18 39
Tgl. 17–23 Uhr
Untere Preisklasse

Surakarta
Recht gute indonesische Küche, Spezialität: Reistafel.
Noordeinde 51
Tel. 0 71/5 12 35 24
Mittlere Preisklasse (AE, DC, EC)

Service

Auskunft

VVV Leiden
Stationsplein 210
Tel. 0 71/5 14 68 46, Fax 5 12 53 18

Rotterdam ■ B 4/C 4

600 000 Einwohner
Stadtplan → S. 80

Der größte Hafen der Welt nennt sich gerne »Manhattan an der Maas«, und das läßt sich im Stadtbild auch erkennen. Die zweitgrößte Stadt der Niederlande strahlt mehr Urbanität und Internationalität aus als irgendein anderer Ort des Landes. Rotterdam ist eine typische Stadt des 19. Jahrhunderts. Sie gilt als der Prototyp einer modernen europäischen Nachkriegsstadt. Das 650 Jahre alte Rotterdam war keine Residenz, nie ein Ort der Repräsentation, sondern immer die »große Werkstatt«. Erasmus von Rotterdam, der große Humanist, ist der bekannteste Sohn der Stadt; vor der Laurenskerk steht sein Denkmal (1622).

Zum erstenmal wird Rotterdam 1283 erwähnt, bereits 1340 erhält es Stadtrechte, erlangt als Handelsplatz und Hafen Bedeutung. Mit der Industrialisierung des Ruhrgebiets setzte auch hier der große Aufschwung ein. Zu Beginn des Zweiten Weltkriegs wurde das Zentrum Rotterdams durch einen deutschen Bombenangriff vernichtet. Heute ist Rotterdam eine Stadt der Architektur. Die bis zu 150 Meter hohen Gebäude an der Weena sind die höchsten des Landes; originelle »Baumhäuser« sind am Oude Haven zu bestaunen.

Ebenso wie in Amsterdam sind ethnische Minderheiten, vor allem Molukker und Surinamer, stark vertreten, kommt es zu sozialen Spannungen und ist die rechtsextreme Centrumspartei die größte Oppositionspartei.

Rotterdam by night: So romantisch präsentiert sich der größte Handelshafen der Welt nur im abendlichen Lichterglanz. Tagsüber wird »Europas Tor zur Welt« von Rummel und Hektik beherrscht.

Hotels/andere Unterkünfte

Emma ■ a 2
Modernes Haus im Zentrum.
Nieuwe Binnenweg 6
Tram 9, Bus 38, 45
Tel. 0 10/436 55 33
34 Zimmer
Mittlere Preisklasse (AE, DC, EC, Visa)

Home ■ b 2
Gemütliche Zimmer, unkomplizierte Atmosphäre.
Witte de Withstraat 38
Tram 5
Tel. 0 10/411 21 21
40 Zimmer
Untere Preisklasse

Inntel ■ b 3
Futuristisches Komforthotel am Wasser, Citybar mit Blick auf den Hafen.
Leuvehaven 8
Tram 6
Tel. 0 10/4 13 41 39
150 Zimmer
Obere Preisklasse (AE, DC, EC, Visa)

Metropole ■ a 2
Einfaches, aber nettes Stadthotel.
Nieuwe Binnenweg 13a
Tram 5, 6
Tel. 0 10/4 36 03 19
22 Zimmer
Untere Preisklasse

Jugendherberge NJHC ■ a 3
Rochussenstraat 107
Tram 4, 6, Bus 39
Tel. 0 10/4 36 55 69
20 Betten

Spaziergang

Die Hauptstraße des Stadtzentrums ist die breite **Coolsingel**. Im niederländischen Renaissancestil wurde zwischen 1914 und 1920 das **Stadhuis** erbaut; es ist das größte Rathaus des Landes. Im Turm hängt ein bekanntes Glockenspiel, auf dem Platz steht das Denkmal des Völkerrechtlers Hugo Grotius. Am **Grote Kerkplein** erhebt sich die spätgotische kreuzförmige Basilika Grote oder **St. Laurenskerk** (15. Jh.). Mit dem Turmbau wurde 1440 begonnen; die Kirche ist das älteste Gebäude der Stadt. Über die Baak gelangt man zum **Wijnhaven**. Dort erhebt sich das 45 m hohe **Witte Huis**, 1900 war es das erste Hochhaus Europas. Von dort aus gelangt man zur Boompjeskade, die auf den 3 km langen **Maasboulevard** und weiter zum **Oudehaven** in der Waterstad führt. Zwischen Spanjaardsbrug und Witte Huis dümpeln historische Binnenschiffe. Von der **Spaansekade** führen Stege auf Höfe und in Gassen.

Sehenswertes

Euromast ■ a 4
Eine beeindruckende Weitsicht bietet der 185 m hohe Aussichtsturm.
Parkhaven 20
Tel. 4 36 48 11
Tram 6, 9, Bus 39
Tgl. 10–19 Uhr (im Winter bis 17 Uhr)
Eintritt 16 hfl.

Europoort
Der Welthafen erstreckt sich über 42 km weit bis zur Nordsee: ein Labyrinth des Handels, der Seefahrt und der Elektronik. Dem Besucher erschließt sich die alle Dimensionen sprengende Anlage am besten vom Deck eines Rundfahrtbootes.

Tierpark Blijdorp
Der Zoo von Rotterdam ist bekannt für seine großzügig angelegten Freigehege; außerdem Tropenwald »Taman Indah«, Flugvolieren, Reptilien, Aquarium.
Van Aerssenlaan 49
April–Okt. 9–18; Okt.–April 9–17 Uhr
Eintritt Erwachsene 21 hfl., Kinder 15 hfl.

Museen

Das Museumsviertel rund um den Stadtpark umschließt das Dreieck Westersingel, Rochussenstraat und Westzeedijk. Zu dem Komplex gehören das 1993 eröffnete »Nederlands Architectuurinstituut« (NAi), das Museum Boymans-Van Beuningen, das Chabot-Museum mit Werken des Rotterdamer Expressionisten Hendrik Chabot, ferner die

Kunsthalle und das Naturkunde-Museum. Im ehemaligen Sitz des »Dagbladunie« befindet sich das nationale Foto Instituut und Foto Archief. Enthusiastisch nennt man dieses Viertel das »Goldene Dreieck« der Architekturhauptstadt.

Boymans-Van Beuningen ■ a 2/a 3
Mit seiner Sammlung niederländischer, italienischer und zeitgenössischer Maler zählt es zu den bedeutendsten Museen des Landes. Werke altniederländischer Maler: Hubert und Jan van Eyck (»Die drei Marien am Grab Christi«), Hieronymus Bosch, Hans Memling, Pieter Bruegel (»Der Turmbau zu Babel«), Lucas van Leyden.
Mathenesserlaan 18–20
Tram 5
Di–Sa 10–17, So 11–17 Uhr
Eintritt 7.50 hfl., Kinder 4 hfl.

Maritiem Museum »Prins Hendrik« ■ b 2
Alles über die Geschichte der Seefahrt. Im Hafen liegen das Museumsschiff »Buffel« und zahlreiche historische Boote vor Anker. Im »Außenmuseum«, in dem Boote repariert werden, riecht es nach dem »Eisenzeitalter«.
Leuvehaven 1 und 50–72
Tram 3, 6, 7, Bus 32, 49
Di–Sa 10–17, So 11–17 Uhr
Eintritt 6 hfl., Außenhafen frei

Schielandhuis ■ b 2
Hinter Mauern aus dem Jahre 1655 befindet sich das Historische Museum. Die Sammlung gibt einen umfassenden Überblick über die historische und kulturgeschichtliche Entwicklung der Stadt.
Coolsingel, Eingang Korte Hoogstraat 31
Tram 3, 6, 7
Di–Sa 10–17, So 13–17 Uhr
Eintritt 6 hfl.

Essen und Trinken

Dudok ■ b 1
Eingerichtet im Stil eines Pariser Bistro; Café und Restaurant.
Meent 88
Metro Beurs
Tel. 0 10/433 31 02
Tgl. 8–23 Uhr
Mittlere Preisklasse

Kaat Mossel
Die Spezialität der guten Adresse sind Fischgerichte.
Admiraliteitskade 85
Metro Oostplein
Tel. 0 10/404 86 00
Tgl. ab 18 Uhr
Obere Preisklasse (AE, DC, EC, Visa)

De Pijp ■ a 2
»Bruines« Traditionslokal, lange Tische, stets voll.
Gaffelstraat 90
Tram 6
Tel. 0 10/436 68 96
Tgl. ab 11 Uhr
Mittlere Preisklasse

Rotown ■ a 2
Nettes Eet- und Musikcafé, in dem gut gekocht wird. Mehrmals wöchentlich Live-Auftritte.
Nieuwe Binnenweg 19
Tram 6
Tel. 0 10/43 62 69
So–Do 11–2, Fr/Sa 11–3 Uhr
Untere/Mittlere Preisklasse

Toko Djaja ■ b 1/b 2
Gilt als eine der besseren indonesischen Küchen der Stadt.
Lijnbaan 12
Tram 6
Tel. 0 10/4 13 18 12
Tgl. ab 10 Uhr
Mittlere Preisklasse (AE, DC, EC)

De Twijfelaar ■ a 2
Sehr angenehmes Eetcafé, Tagesgerichte, lockere Atmosphäre, am Abend Live-Musik.
Mauritsstraat 173
Metro Eendracht Plein
Tel. 0 10/4 13 26 71
Mo–Sa 17–22 Uhr
Mittlere Preisklasse

De With ■ b 2
Bistro, große Auswahl an vorzüglichen Tellergerichten.
Witte de Withstraat 16
Metro Eendracht Plein, Tram 5
Mo–Fr ab 9 Uhr, Sa/So ab 11 Uhr
Untere Preisklasse

Service

Auskunft

VVV Rotterdam ■ b 1
Coolsingel 67
Metro Beurs
3012 AC Rotterdam
Tel. 0 10/4 02 32 00 (50 Cent pro Minute), Fax 010/413 01 24
Tgl. 8–23 Uhr

VVV-Zweigstelle Bahnhof ■ a 1
Mo–Sa 9–22, So ab 10 Uhr

Hafenrundfahrten

Spido ■ b 2
Leuvehaven Tram 5
Tel. 0 10/413 54 00
April–Sept. 9.30–17 Uhr
Preis Erwachsene 13 hfl., Kinder 6.50 hfl.

Ein berühmtes Mahnmal gegen den Krieg: Ossip Zadkines Skulptur »Die zerstörte Stadt« erinnert am Leuvehaven auf eindrucksvoll-erschreckende Weise an den Zweiten Weltkrieg.

Ziele in der Umgebung

Delfshaven ■ B 4

Der frühere Hafen von Delft ist heute ein Stadtteil von Rotterdam. In der **Oude Kerk** erinnern ein Gedenkstein und eine Bronzetafel an die Pilgrim Fathers. Zeugnisse Rotterdamer Geschichte sind im Museum **De Dubbelde Palmboom** (Voorhaven 12, Di–Sa 10–17 Uhr) zu begutachten.

Dordrecht ■ C 4

110 000 Einwohner

An der lebhaftesten Flußgabel der Welt (Oude Maas/Noord-Beneden/Merwede) liegt etwa 12 km südöstlich von Rotterdam die älteste Stadt der Grafschaft Holland, die 1049 erstmals erwähnt wurde. Im 14. Jh. war die Stadt Exportzentrum für Salz und Dordts Leinen. Auch die Hanse hatte hier ein Handelshaus, denn bis zu Anfang des 17. Jh. war Dordrecht Hollands wichtigste Hafenstadt. Das historische Zentrum mit rund 800 denkmalgeschützten Bauwerken ist weitgehend erhalten geblieben. Wie keine andere Stadt wird Dordrecht vom Wasser geprägt. Die Promenaden an den Flüssen, der alte Voorstraat- und der Wijnhaven, die malerischen Grachten und die zahlreichen fast autofreien Gassen bestimmen den Reiz der Stadt, die auch Einkaufszentrum der Region ist.

Hotel

Bellevue
Traditionsreiches Haus in phantastischer Lage. Gutes Restaurant.
Boomstraat 37
Tel. 0 78/6 13 79 00, Fax 6 13 79 21
18 Zimmer
Mittlere Preisklasse (AE, DC, EC)

Sehenswertes

Besuchszentrum Biesbosch
Nationalpark, Biber-Observatorium. Als Folge der Elisabethflut vom 19. November 1421, die mehr als 40 000 ha Land unter Wasser setzte, entstand Biesbosch (Binsenwald), ein Natur- und Vogelschutzgebiet.
Baanhoekweg 53
Tel. 0 78/6 21 13 11
Di–So 9–17 Uhr
Eintritt frei

Groothoofdspoort
Am Zusammenfluß der Ströme steht das barocke Hafentor. Von dort großartiger Blick auf alle vorbeifahrenden Binnenschiffe.

't Hof
In 't Hof, einem ehemaligen Augustinerkloster an der Voorstraat, fand die erste Versammlung der zwölf Staten-Städte (alle Städte außer Amsterdam und Utrecht) statt, die Wilhelm von Oranien als einzigen Statthalter anerkannten und seinen Freiheitskampf finanzierten. 1618/1619 wurde die nationale Synode abgehalten, in der es um den Glaubensstreit zwischen liberalen und orthodoxen Protestanten ging. Hier wurde die Übersetzung der Statenbibel beschlossen, die großen Einfluß auf die niederländische Sprache haben sollte.

Onze Lieve Vrouwekerk
Aus dem Stadtensemble ragt der 70 m hohe Turm der Kirche mit seinem barocken Aufsatz und vier Uhrgehäusen heraus. Die im Stil der Brabanter Gotik erbaute Liebfrauenkirche, mit einer Länge von 108 m eine der größten Basiliken des Landes, besitzt als einzige Kirche der Niederlande ein steinernes Gewölbe. Mit dem Bau der Kirche wurde im 13. Jh. begonnen.

Museen

Arend Maartenzhof
1625 wurde diese Wohnanlage für Soldatenwitwen gegründet, mit Regentenkammer. Die 38 Häuser umschließen einen Innenhof mit einem schmiedeeisernen Brunnen.
Museumsstraat 56
Eintritt frei

Dordrechts Museum
Werke einheimischer Maler; Arbeiten von Rembrandt-Schülern.
Museumsstraat 40
Di–Sa 10–17, So 13–17 Uhr
Eintritt 7.50 hfl.

Service

Auskunft

VVV Dordrecht
Stationsweg 1
Tel. 0 78/6 13 28 00, Fax 6 13 17 83
Mo–Fr 9–17.30, Sa 9–13 Uhr

Gouda

C 4

65 000 Einwohner

Die Käsestadt erhielt 1272 die Stadtrechte. Mittelpunkt von Gouda an der Gouwe ist der Marktplatz mit dem spätgotischen **Rathaus** (1448–1459). 1603 erhielt das Rathaus **(Stadthuis)** seine Renaissancefreitreppe. Die Giebelfront ist eine Rekonstruktion aus dem 19. Jh. Die **Waage** von 1668 schließt den Markt im Nordosten ab. Unweit des Marktes erhebt sich die längste Kirche der Niederlande, die **St. Janskerk** (13. Jh.). Das Städtische Museum ist im **Catharina Gasthuis** aus dem 16. Jh. untergebracht. Im **Museum Moriaan** am Westhaven wird die Geschichte der Goudaschen Tonpfeifen gezeigt.
Ca. 20 km nordöstlich von Rotterdam

Service

Auskunft

VVV Gouda
Markt 27
Tel. 01 82/5 136 66, Fax 58 32 10

Kinderdijk ■ C 4

Rund 20 km östlich von Rotterdam liegt diese Mühlenlandschaft.
Die 19 Mühlen, erbaut zwischen 1722 und 1761, sind die größte Ansammlung von Poldermühlen Hollands. Besonders reizvoll ist eine Radtour durch die Polderlandschaft und über die Deiche. Zwischen April und September kann eine der Mühlen besichtigt werden. An Samstagen im Juli und August sind alle Mühlen in Betrieb, im September sind sie abends beleuchtet, im Pumphaus ist ein Museum zum Thema Mühlen und Polder eingerichtet (Mühlenbezirk: Molenkade in Kinderdijk; Besichtigungsmühle: April–Sept. tgl. 9.30–17.30 Uhr; Rundfahrten Mai–Sept. tgl.; Eintritt 3 hfl.). An der Lek kann man mit der Fähre zur »Silberstadt« **Schoonhoven** übersetzen.

Oudewater ■ C 4

7000 Einwohner

Mittelpunkt des kleinen Ortes an der Ijssel sind die Grote Kerk mit ihrem rechteckigen Ziegelturm aus dem 14. Jh., das 1588 erbaute Renaissancerathaus und die Hecksenwaage, auf der noch bis ins 17. Jh. der Hexerei verdächtigte Frauen gewogen wurden. Rund um den Markt und am Hafen stehen schöne Giebelhäuser aus dem frühen 17. Jh.
Ca. 30 km östlich von Rotterdam

Schiedam ■ B 4

70 000 Einwohner

Das Hafenstädtchen an der Mündung der Schie ist längst mit Rotterdam zusammengewachsen. Am Ortsrand der Geneverstadt stehen fünf Steinmühlen, die größten der Welt: **De Drie Koornbloem** (1770), **De Walvisch** (1794) und **De Vrijheid** (1785) malen Getreide, in **De Noord** (1803) befindet sich ein Restaurant. Fachkundige Information liefert das Mühlenmuseum **De Nieuwe Palmboom** (1781). Außerdem sehenswert ist das **Stedelijk Museum** (Moderne Kunst und Genevermuseum), Hoogestraat 112, Di–Sa 11–17, So 12.30–17 Uhr, Eintritt 3 hfl.

Alles Käse? Hier schon: Die Meisterschaft der Holländer in Sachen Käseherstellung offenbart sich auch in den Molkereien von Gouda. Ein besonderer Genuß ist der »jungfräuliche« Frühlingsgouda im Mai.

Utrecht

■ C3

240 000 Einwohner
Stadtplan → S. 88

Die Stadt liegt in der nordöstlichen Ecke der Randstad und ist die viertgrößte Stadt der Niederlande. Die Altstadt – Utrecht ist Provinzhauptstadt, Bischofssitz, seit 1636 Universitätsstadt und Verkehrsknotenpunkt – durchschneiden Oude- und Nieuwegracht. Die Oudegracht ist Teil des Kromme Rijn und liegt so tief, daß unterhalb der Straßenfront Lagerhallen angelegt werden konnten, die heute zum großen Teil als Läden, Cafés und Restaurants genutzt werden. Die davor liegenden Wege sind beliebte Promenaden – einmalig für die Niederlande. Das historische Zentrum ist zum großen Teil Fußgängerzone. Utrechts zentrale Lage am Oude Rijn, an den Handelsstraßen zwischen Skandinavien, Flandern und Deutschland war günstig für seine Entwicklung. Die Römer nannten die Stadt Traiectum inferius und Traiectum ad Rhenum. Reste von vier römischen Kastellen wurden auf dem Domplatz entdeckt. In Utrecht wurde Adriaen, der spätere Papst Hadrian VI. (1522/1523), geboren. Besucher der Innenstadt sind fasziniert von der lockeren Lebensart; Historisches und Modernes ergeben eine zwanglose Mischung.

Die Landschaft rund um Utrecht erstreckt sich vom Ijsselmeer bis zur Lek und weist zahlreiche alte Herrensitze, gartenreiche Senken, viel Wald, Heide und historische Dörfer, etwa Loenen, Breukelen, Oudewater, Bunschoten-Spakenburg, auf.

Einer der bedeutendsten Sakralbauten der Niederlande ist der Dom der katholischen Stadt Utrecht. Die reichverzierten Giebel des gotischen Kreuzgangs sind Teil der Verbindung zum alten Universitätsgebäude.

Hotels

Epping
Familienhotel im Zentrum von Ijsselstein. Komfortable Zimmer. Restaurant. Für Autofahrer ideal.
Utrechtstraat 44
Ijsselstein
Tel. 0 30/6 88 31 14, Fax 6 87 01 04
39 Zimmer
Mittlere Preisklasse

Malie
Typisches Stadthotel in stilvoller Umgebung. Garten.
Maliestraat 2–4
Bus 4, 11
Tel. 0 30/2 31 64 24, Fax 2 34 06 61
29 Zimmer
Mittlere Preisklasse (AE, DC, EC, Visa)

Mitland
Modernes Haus, Restaurant.
Ariënslaan 1
Bus 57
Tel. 0 30/2 71 58 24, Fax 2 71 90 03
44 Zimmer
Mittlere Preisklasse (AE, DC, EC, Visa)

Spaziergang

Vom Platz Vredenburg aus gelangt man durch die Drie Haringstraat zur Oudegracht, an deren Ufer sehenswerte historische Gebäude stehen, etwa das ehemalige Stadtschloß **Oudaen** (Nr. 95) aus dem Jahre 1320. In dem burgartigen Backsteinhaus wurde der Vertrag von Utrecht (1713) unterzeichnet. Gegenüber steht das noch ältere (von 1280) **Huis Drakenborch** (Nr. 114). Vom **Stadhuis** – es besteht aus mehreren Gebäuden, vor die man eine Sandsteinfassade im klassizistischen Stil gebaut hat – wendet man sich zum Vismarkt, um durch die Servestraat den **Dom** zu erreichen.

Sehenswertes

Dom ■ b 2
Am 1. August 1674 brachte ein Orkan das fünfschiffige Kirchenschiff zum Einsturz. Die Trümmer wurden erst 1826 weggeräumt, restauriert wurde das gesamte Bauwerk im Stil der französischen Kathedralgotik (1254–1517) in den 90er Jahren des 19. Jh. Die Domkirche ist trotz des Fehlens des Mittelschiffs beeindrukkend; sie besitzt das höchste Kirchenschiff (32 m) der Niederlande. Vom höchsten Kirchturm des Landes (112 m, 465 Stufen) hat man einen prächtigen Weitblick.
April–Nov. Mo–Fr 10–17, Sa/So 12–17 Uhr

Hofjes ■ c 3/c 4
Die schönsten der »Hofjes« genannten Altenstifte sind die Beyerskameren aus dem 16. Jh. (Lange Nieuwstraat), die Fundatie van Renswoude (Agnietenstraat) und Bruntenhof Gasthuis am Leeuwenberg, ein ehemaliges Hospiz für Pestkranke aus dem 14. Jh.

Paushuisje ■ c 2
Am Pausdam steht das spätgotische Paushuisje, in dem der spätere Papst Hadrian oder Adrianus wohnte. Heute Sitz der Provinzverwaltung.
Im Zentrum

Museen

Het Catharijneconvent ■ c 3
Zeugnisse christlicher Kultur; hier werden die Schätze der Bischöfe bewahrt. Es kann auch die spätgotische Catharinakerk (1470–1551) besucht werden.
Nieuwegracht 63
Bus 2, 22
Di–Fr 10–17, Sa/So 11–17 Uhr
Eintritt 5 hfl.

Centraal Museum c 4

Das älteste Städtische Museum (1838) zeigt eine Sammlung von Werken Utrechter Maler, u. a. des Manieristen Abraham Bloemaert und Jan van Scorel (1495–1562). Ferner Werke der sogenannten niederländischen magischen Realisten wie Pyke Koch, Carel Willink sowie niederländischer Impressionisten wie Willem Roelofs, Johan Jongkind, George Breitner.

Außerdem Kunsthandwerk, Münz- und Kupferstichkabinett, Möbel, Folterwerkzeuge, eine Kostümsammlung (18. Jh.), Stilkammer und Puppenhaus (um 1680). Angegliedert ist das Provinciaal Oudheidkundig Museum – mit archäologischen Funden der Provinz, u. a. ein restauriertes Utrechter Schiff (12. Jh.).

Agnietenstraat 1

Bus 2

Di–Sa 10–17, So 12–17 Uhr

Eintritt 6 hfl.

Spoorwegmuseum
Im alten Bahnhof Maliebaan befindet sich das schönste und spannendste Stück Eisenbahnmuseum des Landes mit seltenen Stücken, u. a. 60 Lokomotiven. Kinder können Dampflokomotiven, Kutschen und Stellwerke erkunden.
Maliebaanstation
Di–Sa 10–17, So 13–17 Uhr
Eintritt 11 hfl., Kinder 7 hfl.

Van Speelklok tot Pierement ■ b 2
In der Buurkerk (13. Jh.) ist ein wunderschönes Museum für mechanische Musikinstrumente untergebracht: eine Sammlung historischer und automatischer Musikinstrumente, die alle noch funktionieren. Eine besondere Kostbarkeit ist das Orchestrion »Phonoliszt Violina« der Firma Hupfeld, Leipzig.
Buurkerkhof 10
Bus 2, 22
Di–Sa 10–17, So 13–17 Uhr
Eintritt 7.50 hfl.

Essen und Trinken

Entlang der Oudegracht finden Sie zahlreiche Terrassencafés und Restaurants in den malerischen Kaikellern.

De Baas ■ b 2
Traditionsreiches Eetcafé, auch vegetarische Gerichte.
Lijnmarkt 8
Tel. 0 30/31 51 10 85
Küche Mi–So 17.30–20.30 Uhr
Untere/Mittlere Preisklasse

Café Pinter ■ c 1
Snacks, Pastas und Menüs.
Lucas Bolwerk 1
Tel. 0 30/30 22 49
Tgl. 10–22 Uhr
Untere Preisklasse

Cosmopole ■ a 1/b 1
Französische »Landküche«, auch vegetarische Menüs.
Zakkendraggerssteeg 25
Tel. 0 30/2 31 15 40
Di–So ab 18 Uhr
Obere Preisklasse (EC)

Selamat Makan ■ b 1
Spezialität ist die indonesische Reistafel.
Voorstraat 100
Tel. 0 30/2 36 89 17
Di und Mi geschl.
Mittlere Preisklasse (AE, EC, Visa)

De Vingerhoed ■ b 2
Phantasievolle Tagesgerichte.
Donkere Gaard 11
Tel. 0 30/2 31 96 59
Tgl. 10–1.30 Uhr, Küche ab 17 Uhr
Untere Preisklasse

Winkel van Sinkel ■ b 2
Aus einer früheren Bank wurde dieses Großcafé. Studententreff.
Oudegracht 158
Tgl. 10–1 Uhr, am Wochenende länger
Untere/Mittlere Preisklasse

Einkaufen

Das moderne Bahnhofs-Geschäftszentrum **Hoog Catharijne** mit 180 Geschäften auf 250 000 qm ist das größte, aber auch umstrittenste Einkaufszentrum des Landes.

Märkte

Bauernmarkt ■ a 1
Vredenburg
Fr 12–18 Uhr
Wochenmarkt ■ a 1
Vredenburg
Mi 9–17 Uhr
Antikmarkt ■ a 1
Voorstraat 19
Sa 9–17 Uhr

Am Abend

Oudaen ■ b 1
In historischer Umgebung: Café, Theater, Restaurant.
Oudegracht 99
Tel. 0 30/2 31 18 64

Stadsschouwburg ■ c 1
Utrechter Stadttheater.
Lucas Bolwerk 4
Tel. 0 30/2 33 13 43

Vredenburg ■ a 1
Musikzentrum.
Vredenburg 77
Tel. 0 30/2 31 31 44

Service

Auskunft

VVV Utrecht ■ a 1
Vredenburg 90 (beim Bahnhof)
Tel. 0 30/2 33 15 44, Fax 2 33 14 17
Mo–Fr 9–18, Sa 9–16 Uhr

Taxi

Tel. 0 30/2 51 51 51, 2 33 11 22

Ziele in der Umgebung

Amersfoort ■ D 3

95 000 Einwohner

Die Innenstadt, deren alte Bausubstanz erhalten geblieben ist, wird ringförmig von Grachten umgeben. Die ehemalige Hansestadt verfügt noch über einige Renaissancehäuser und wird überragt vom 100 m hohen Turm der Liebfrauenkirche; das Glockenspiel gehört zu den klangvollsten des Landes. Sehenswert sind die Mauerhäuser an der älteren Stadtmauer. In Amersfoort wurden der Ratspensionär Johan van Oldenbarnevelt und der Maler Piet Mondrian geboren.
Ca. 20 km östlich von Utrecht

Die schönste Ecke der Utrechter Altstadt: An der Oudegracht laden zahlreiche »Kaikeller« zum Müßiggang ein. Der Kanal zieht sich direkt durchs Zentrum; an seinen Ufern reihen sich Cafés, Läden und Märkte aneinander.

Flevoland

D 3

Die jüngste der zwölf Provinzen liegt im Schnitt 2 bis 6 m unterhalb des Meeresspiegels. Flevoland besteht aus den Städten Lelystad und Almere (1975 gegründet), den Orten Emmeloord, Dronten und dem Fischerdorf Urk, das einst auf einer Insel lag. Ost- und Südflevoland werden durch das Veluwemeer vom Festland getrennt. Die Orte wurden von Stadtplanern nach den neuesten Erkenntnissen systematisch errichtet. Ackerbau, Viehzucht und Tourismus sind die wichtigsten Einnahmequellen. In den kommenden Jahren soll rund eine Milliarde DM für den Ausbau der Infrastruktur ausgegeben werden. Besonders populär ist Flevoland bei deutschen Wassersportlern; es gibt zahlreiche Bootshäfen, Strände und Surfmöglichkeiten. Reizvoll gibt sich das historische Urk. Der 966 erstmals erwähnte Fischerort, der oft Schlagzeilen macht, weil die Fischer ihre Fangquoten maßlos überschreiten, ist der älteste Ort der Provinz. Interessant wird es im Hafen, wenn am Freitag die Fischer aus ihren Fanggebieten zurückkehren. Im Museum für Schiffsarchäologie werden u. a. Funde aus dem Ijsselmeer gezeigt (Vossemeerdijk 231, Dronten, Ketelhaven).

Archäologisches Museum in der Kirche auf der früheren Insel Sekokland, Reichsmuseum für Schiffsarchäologie in Lelystad.

Haus Doorn

D 4

Hier hatte sich Deutschlands letzter Kaiser das klassizistische Wasserschloß (18. Jh.) gekauft, da er nach dem verlorenen Ersten Weltkrieg ins Exil (1919–1941) gehen mußte.

Nach dem Zweiten Weltkrieg wurde der Besitz als »feindliches Vermögen« beschlagnahmt. Heute ist das Anwesen Museum, und vieles, was einst dem Kaiser gehörte, ist ausgestellt: Kunstschätze, Geschenke seiner Untertanen, Schnupftabakdosen, Porzellan, Uniformen. Im Park liegen die Gräber seiner drei Hunde. Wilhelm II. selbst wurde im Mausoleum beigesetzt.
Langebroekerweg 10
Tel. 03 43/41 22 44
15. März–31. Okt. Di–Sa 10–17, So ab 13 Uhr, sonst 13–17 Uhr
Eintritt 7.50 hfl.
Ca. 20 km südöstlich von Utrecht

Kasteel de Haar

C 3

Eine der wunderlichsten Schloßanlagen Hollands, deren Ursprung eine mittelalterliche Burg war. Das Schloß (E 9, Abfahrt Vleuten) wurde in seiner heutigen verspielten Form 1892 bis 1912 von dem Roermonder Architekten Petrus Cuypers (er entwarf auch den Amsterdamer Hauptbahnhof und das Rijksmuseum) im neogotischen Stil erbaut. Auftraggeber waren Baron Etienne van Zuylen van Nyevelt und seine vermögende Frau, Baronin Hélene van Nyevelt-Rothschild. Im Schloß, dessen gotische Räume gerne für Hochzeiten angemietet werden, wurden die Gästezimmer im holländischen Stil des 17. Jh. eingerichtet. Chinesisches Porzellan, flämische Gobelins, seltene Gemälde. Zum Schloß gehört das malerische Dorf Haarzuilens.
Kastellaan
Tel. 0 30/6 77 12 75
Öffnungszeiten unregelmäßig
Eintritt 10 hfl. (Park und Schloß)
Ca. 6 km nordwestlich von Utrecht

Klischees braucht man nicht

im Süden des Landes. Wo die Flüsse Rhein, Maas und Waal die kulturelle und kulinarische Grenze bilden, ist Holland vielleicht am ehrlichsten.

Die Flußlandschaften von Waal und Maas, die Provinzen Brabant und Limburg, »beneden de Rivieren« (unterhalb der Flüsse), passen so gar nicht ins verbreitete Klischee von Holland. Hier laufen die Menschen nicht in Holzschuhen herum, an den Hängen der Maas reift ein trockener Riesling. Die Menschen sind zugänglicher, es braucht nur einen geringen Anlaß, und man feiert ein Fest. Dank dieser positiven Einstellung zum Leben hat dieser Landstrich selbst bei Niederländern einen hohen Stellenwert: Einer Umfrage zufolge ist Maastricht die beliebteste Stadt des Landes.

Ganz im Süden von Limburg, wo es bereits nach Belgien übergreift, ist das Land fast bergig, die Hänge sind bewaldet, und Gasthäuser nennen sich »Alpensicht«, »Chalet« oder »Fernblick«. An Feldwegen stehen Marienkapellen und Wegkreuze; Wanderer, Reiter und Fahrradfahrer durchqueren die Felder. Hier, wo man die meisten Sonnenstunden der Niederlande registriert, hat es niemand eilig.

Eine Landschaft wie ein Gemälde: Wer auf den Seitenkanälen der Maas mit einem Boot unterwegs ist, hat sich vom Trubel der Städte weit entfernt.

Den Bosch/ 's Hertogenbosch ■ D 4

95 000 Einwohner

Die Hauptstadt von Nordbrabant, die 1185 Stadtrechte erhielt, besitzt ein sehenswertes historisches Zentrum. Die alte Festungsstadt am Zusammenfluß von Dommel und Aa strahlt brabantische Lebensfreude aus. Mittelpunkt der katholischen Stadt ist die restaurierte Kathedrale Sint Jan, Höhepunkt der Brabanter Gotik. Am Marktplatz, der ohne die im Norden übliche Symmetrie angelegt ist, findet sich eine Vielzahl von Restaurants und Kneipen, in den verwinkelten Gassen bieten Antik-, Trödel-, Musik- und Delikatessenläden ihre Waren an.

Der berühmte Maler Hieronymus Bosch (1450–1516) wurde hier geboren. 1520 eroberten die Spanier die Stadt, die 1629 dem protestantischen Norden zugeschlagen wurde. Später kamen die Franzosen (1794), die 1814 ihrerseits von den Preußen verjagt wurden.

Den Bosch sollte man am Samstag besuchen, wenn Markttag ist. Auf den Terrassen sitzen die Menschen, laben sich an Bier oder genießen zum Kaffee »Bossche Bol«, eine mit Sahne gefüllte Schokoladenkugel. Interessant ist eine Fahrt mit dem offenen Boot durch die Stadtgracht **Binnendieze**, die unter der Stadt hindurchführt. In der Molenstraat gibt es einige nette Cafés, in denen man sich zum dunklen Bier oder zur Brabanter Kaffeetafel trifft: Es muß ja nicht immer Amsterdam sein.

Ganz und gar nicht »typisch holländisch« – und doch eine Reise wert: Im Süden haben die Niederlande sogar sanftgewellte Hügel zu bieten – gerade recht für gemütliche Wandertouren.

Hotels

Golden Tulip Central
Angenehmes Stadhotel, modern.
Burg Loeffplein 98
Tel. 073/6125151, Fax 6145699
121 Zimmer
Mittlere Preisklasse (DC, EC, Visa)

Mövenpick Cadett
Modernes Hotel am Stadtrand.
Pettelarpark 90
Tel. 073/6874674, Fax 6874635
92 Zimmer
Mittlere Preisklasse (AE, DC, EC, Visa)

Sehenswertes

Marktplatz
Auf dem lebhaften Marktplatz erinnert ein Standbild an Hieronymus Bosch. Das **Huis De Moriaan** ist das älteste Backsteinhaus des Landes (13. Jh.). An der Südseite steht das klassizistische **Rathaus**. Im gotischen Keller ist ein Café untergebracht, im Ratssaal hängen Gobelins aus dem Jahre 1679. Jeden Mittwoch (10–11 Uhr) erklingt vom Rathausturm (1650) das Glockenspiel.

St. Janskathedraal
TopTen 5
Die schönste mittelalterliche Kathedrale des Landes. Ihre heutige Gestalt erhielt die 115 m lange, ursprünglich romanische Kirche zwischen 1380 und 1530. Ihr charakteristisches Äußeres erhält die fünfschiffige Basilika durch die Strebepfeiler. Bemerkenswert sind die Heiligenskulpturen, volkstümliche Figuren, die z. T. Bestien darstellen. Sehenswert auch das Taufbecken (1492), das Chorgestühl (um 1480), die Wandgemälde von 1444 und die Renaissancekanzel. Der Turmaufsatz kann im Sommer bestiegen werden.
Glockenspiel Mi 11.30–12.30 Uhr

Zwanenbroederhuis
Gotisches Versammlungshaus der 1318 gestifteten »Illustrie Lieve Vrouwe Broederschap«. Ihren Spitznamen verdankte die Bruderschaft dem jährlichen Festmahl, bei dem Schwäne verzehrt wurden.
Hinthammerstraat 94
Fr 11–15 Uhr

Museum

Noordbrabants Museum
Kupferstichkabinett, Funde aus römischer, fränkischer Zeit.
Verwersstraat 4
Di–Fr 10–17, Sa/So 12–17 Uhr
Eintritt 10 hfl.

Essen und Trinken

De Opera
Klassisch-brabantische Küche.
Hinthammerstraat 115–117
Tel. 073/6137457
Tgl. ab 18 Uhr
Obere Preisklasse (AE, DC, EC, Visa)

Van Puffelen
Eetcafé in historischer Umgebung.
Molenstraat 4-6
Tel. 073/6890414
Tgl. ab 10 Uhr
Mittlere Preisklasse

Service

Auskunft

VVV Den Bosch
Markt 77
Tel. 073/6123071, Fax 6128930

Die spätgotische St. Janskathedraal gilt als schönstes mittelalterliches Gotteshaus der Niederlande. Die Basilika entfaltet eine geradezu atemberaubende Raumwirkung.

Ziele in der Umgebung

Breda ■ C 4

120 000 Einwohner

Die bereits im frühen Mittelalter bekannte Tuchmacherstadt wurde durch das Bild »Die Übergabe von Breda« von Diego Velázques (Prado, Madrid) berühmt. Es zeigt die Rückeroberung der Stadt durch die Spanier, zuvor hatte Prinz Moritz von Oranien sie durch eine List erobert: Auf einem Torfschiff schmuggelte er Soldaten in die Stadt, die die Spanier überrumpelten. Der Friede von Breda 1667 beendete den Zweiten Englischen Krieg. Die Stadt hat im Zentrum ihren historischen Charakter bewahrt. Vor allem am Wochenende sind die Gassen rund um den Grote Markt mit zahlreichen Cafés und Restaurants ein beliebter Treffpunkt für junge Leute. Ca. 50 km westlich von Den Bosch

Hotel

Keyser
Traditionsreiches Haus im Stadtzentrum mit Restaurant.
Keizerstraat 5
Tel. 0 76/5 20 51 73, Fax 5 20 52 25
20 Zimmer
Mittlere Preisklasse (AE, DC, EC, Visa)

Sehenswertes

Begijnhof
Der Begijnhof von Breda ist einer der letzten Höfe (13. Jh.), der noch von Begijnen bewohnt wird. Um den langgestreckten Innenhof stehen 29 Häuser. Zu dem Komplex gehören Kirchen und ein Kräutergarten.
Catharinastraat

Grote Kerk
Die im Stil der Brabanter Gotik errichtete Basilika (15. Jh.) wird von ihrem 98 m hohen Turm überragt. Im Inneren sind Grabmäler der nassauischen Herren, das Chorgestühl (15. Jh.) und eine umstrittene Kopie der »Übergabe von Breda« beachtenswert. (Glockenspielkonzerte: Juli/ Aug., Do 20–21 Uhr).

Kasteel
Sehenswert ist das um 1530 errichtete Kasteel, ein Renaissanceschloß (heute Militärakademie) mit Resten der alten Stadtmauer.

Service

Auskunft

VVV Breda
Willemstraat 17–19
Tel. 0 76/5 22 24 44, Fax 5 21 85 30

Heusden ■ C 4

Die alte Festungsstadt an der Waal wurde in den vergangenen Jahren wieder originalgetreu restauriert. Sehenswert sind die Backsteinkirche St. Catharijne aus dem 13. Jh., das Gouverneurshuis, die sogenannten Aussteigerhäuschen in den Gassen und die drei Getreidemühlen auf den Befestigungsanlagen. Der Ort war im 16. Jh. eine bedeutende Festung.
Das **Gouverneurshuis:**
8. April–26. Sept. Di–So 14–17 Uhr, Eintritt frei
Ca. 12 km nordwestlich von Den Bosch

Hotel

In den Verdwaalde Koogel
Hotel-Restaurant, historische Bäckerei von 1620. Exklusives Restaurant, 12 Zimmer ab 155 hfl.
Tel. 04 16/66 19 33

Maastricht ■ D 6

120 000 Einwohner
Stadtplan → S. 99

Die Universitätsstadt hat alles zu bieten, was einen Stadtbummel zum Vergnügen macht; Terrassencafés und Restaurants, Bistros und Boutiquen, Märkte und Kirchen. »Mestreechter« fühlen sich mehr zu Aachenern hingezogen als zu Nordholländern. Die verschiedenen Baustile, der goldgelbe Mergelstein aus den St. Pieters Gruben, der schillernde Fels aus den Ardennen, die dunkelrot gebrannten Ziegel verleihen der Stadt südländischen Charme. Maastricht ist auch eine Stadt der Kirchen, Klöster und des Karnevals. Der italienische Architekt Aldo Rossi, der hier ein wunderbares neues Museum, Bonnefanten, erbaut hat, preist die Stadt am Strom als »Siena des Nordens«.

Das Zentrum der Stadt, die erst seit 1815 zu den Niederlanden gehört, ist der **Vrijthof** (vrijt = frei, öffentlicher Platz). Rund um den ehemaligen Friedhof sind Terrassen angelegt, laden Cafés zum Verweilen ein. Die romanischen Basiliken **Sint Servaas** und **Onze Lieve Vrouw** gehören zu den ältesten Gebäuden der Stadt, deren Skyline nicht nur von Kirchtürmen beherrscht wird, sondern auch von Bürgerhäusern im Stil der maasländischen Renaissance, des Barock und im Empirestil der Napoleonzeit. Ihren enorm hohen internationalen Bekanntheitsgrad verdankt die Hauptstadt von Limburg allerdings dem europäischen Einigungsvertrag, dem »Vertrag von Maastricht« (1991), in dem die vieldiskutierten Schritte zur Währungsunion festgelegt worden sind.

Die Geschichte der Stadt begann um 50 v. Chr., als die Römer die Siedlung »Mosae Traiectum« erbauten. Ihrer strategischen Lage wegen wurde die Stadt insgesamt 21mal belagert.

Von besonderem Reiz ist die Landschaft rund um Maastricht, ein kulturhistorisch bedeutendes und liebliches Hügelland. Eine schöne Aussicht über Maas und Stadt hat man vom 120 Meter hohen St. Pietersberg im Süden.

Für Europa herausgeputzt: Auch in den Parkanlagen von Maastricht dominiert Eleganz. Die Hauptstadt der Provinz Limburg zeigt sich durchweg international und weltoffen – sozusagen bereits ein vereintes Europa im Kleinformat.

Hotels

Beaumont
Angenehmes Haus in Bahnhofnähe.
Wycker Brugstraat 2
Tel. 0 43/3 25 44 33, Fax 3 25 36 55
82 Zimmer
Mittlere Preisklasse (DC, EC, Visa)

Hotel D'Orangerie b 1
Im Herzen der Altstadt liegt dieses charmante Haus. Brasserie für einfache Gerichte.
Kleine Gracht 4
24 Zimmer
Tel. 0 43/3 26 11 11, Fax 3 26 12 87
Mittlere Preisklasse

Pauw b 1
Modernes Hotel im Zentrum.
Boschstraat 27
Tel. 0 43/3 21 22 22, Fax 3 21 34 32
123 Zimmer
Mittlere Preisklasse (DC, EC, Visa)

Sehenswertes

Dinghuis b 2
Das spätgotische alte Rathaus entstand um 1470.
Kleine Staat 1

Grotten St. Pietersberg
Das Grotten-Labyrinth von 20 000 Gängen mit einer Gesamtlänge von 200 km diente der Zivilbevölkerung im Zweiten Weltkrieg als Zufluchtsort. Die Grotten können teilweise besichtigt werden.
Eingang Süd-Grotten: Slavante
Führung Ostern–Sept. tgl. 14 Uhr

Kazematten
Zwischen 1575 und 1825 angelegte unterirdische Festungsgänge. Besichtigungszeiten beim VVV Maastricht (→ Service, S. 100) erfragen.
Bastion Tongesplein
Eintritt 5 hfl.

Onze Lieve Vrouwekerk b 2/c 3
Die romanische Basilika gilt als das schönste romanische Bauwerk des Landes. Nach dem Baubeginn um 1000 wurde in den folgenden Jahrhunderten immer wieder an- und umgebaut.
Onze Lieve Vrouweplein

St. Janskerk a 2
Die herausragende gotische Kirche der Stadt wurde im 14. und 15. Jh. errichtet. Ihr rot leuchtender Turm ist 68 m hoch.
Hendrik van Veldekeplein

St. Servaaskerk a 2
Die romanische Kreuzbasilika (600–1100) ist die älteste Kirche der Stadt. Im Südturm hängt die größte Glocke, die 7000 kg schwere »Grameer«. Sehenswert auch die Schatzkammer.
Vrijthof

Stadhuis b 1
Das mächtige freistehende Rathaus wurde von 1659 bis 1665 von Pieter Post erbaut. Die Innenausstattung (Gobelins und Gemälde) stammt vorwiegend aus dem 18. Jh.
Markt

Museen

Bonnefanten
Schwerpunkt der Sammlung sind Werke flämischer Maler wie Bruegel und Rubens, auch Archäologie, zeitgenössische Kunst, Café.
Avenue Céramique 250
Di–So 11–17 Uhr
Eintritt 10 hfl.

Museumskeller Derlon c 2
Römische Baudenkmäler aus dem 2. bis 4. Jh.
Plankstraat 12
So 12–16 Uhr
Eintritt frei

Essen und Trinken

In keiner anderen Stadt der Niederlande ist die Auswahl so groß und so gut wie hier. Dank der Konkurrenz kann man eigentlich überall gut essen. Typische Cafés, Eetcafés genannt, sind **t'Knijpke (St. Bernardusstr. 13), Café Sjiek** (Sint Pieterstraat 13), **Rocco** (Vrijthof 10), **In den Ouden Vogelstruys** (Vrijthof 15), **Klinkers** (Rechtstraat 12).

Charlemagne ■ b 3
Eetcafé in rumoriger Umgebung.
Onze Lieve Vrouweplein 24
Tgl. 11–23 Uhr
Untere Preisklasse

Grand Café ■ a 2/b 2
In stilvollem Gewölbekeller.
Vrijthof 8
Tel. 043/3 21 19 37
Untere/Mittlere Preisklasse

't Kläöske ■ b 2/c 2
Ein bemerkenswertes Restaurant.
Plankstraat 6
Tel. 0 43/3 21 81 18
Obere Preisklasse (AE, DC, EC, Visa)

Perroen-Pallieter ■ a 2
Wintergarten und Eetcafé.
Vrijthof 35
Tel. 043/3 25 20 73
Tgl. 10–2 Uhr
Mittlere Preisklasse

Toine Hermsen c 3
Gehört zu den besten Adressen des Landes.
Sint Bernardusstraat 2–4
Tel. 0 43/3 25 84 00
So und Mo mittag geschl.
Luxusklasse (AE, DC, EC, Visa)

Einkaufen

Die Geschäftsleute zeichnen die Waren in belgischen Francs und in DM aus – letzteres natürlich zum Kurs eins zu eins. Einkaufsstraßen: u. a. Stokstraat, Jekerbuurt.

Service

Auskunft

VVV Maastricht b 2
Auch Stadtführungen, Theaterkarten, Rundfahrten u. a.
Het Dinghuis, Kleine Staat 1
Tel. 0 43/3 25 21 21

Maas-Rundfahrten

Rederij Stiphout c 2
Maaspromenade 27
Tel. 0 43/3 25 41 55

Ziele in der Umgebung

Roermond D 5/E 5

40 000 Einwohner

Die Stadt liegt an der Mündung der Roer in die Maas. Im 12. Jh. erstmals erwähnt, wurde Roermond 1569 Bischofsstadt. Das historische Stadtbild mit Munsterkerk (um 1224) und Kathedrale St. Christoffel (15. Jh.) ist bewahrt geblieben. Das Städtische Museum ist im früheren Wohnhaus des Architekten Petrus Cuypers untergebracht.
Ca. 50 km nördlich von Maastricht

Service

Auskunft

VVV Roermond
Informationen zu Bootsfahrten, Schloßrouten, Bootsverleih u. a.
Markt 24
Tel. 04 75/33 32 05
Mo–Fr 9–18, Sa 9–16 Uhr (Okt.–April Mo–Fr 9–17 Uhr)

Thorn D 5

2200 Einwohner

Die »weiße Stadt« wird der Ort wegen der weiß getünchten Fassaden seiner Häuser genannt. Im autofreien Zentrum sind die Gassen mit Maaskieseln gepflastert. Von der Benediktinerabtei (925) – im 13. Jh. wurde sie in ein Damenstift umgewandelt – ist die gotische Kreuzbasilika (14. Jh.) erhalten geblieben.
Ca. 45 km nördlich von Maastricht

Valkenburg D 6

20 000 Einwohner

Seit über 100 Jahren ist dieser Ort im Tal der Geul touristisches Zielgebiet. Die Besucher kommen jährlich zu Hunderttausenden in das romantische Bergstädtchen zu Füßen von Hollands einziger Bergfestung. Von der Stadtmauer (14. Jh.) sind noch das Grendel- und das Berkelpoort erhalten geblieben.

In der Nähe liegt das **Kastell Hoensbroek,** ein Wasserschloß, in dem es auch Führungen und ein spezielles Kinderprogramm sowie ein Café und Restaurant gibt.
Tel. 0 45/5 22 72 71
Tgl. 10–17.30 Uhr
Ca. 6 km nordöstlich von Maastricht

Vogelschwärme und blumenbewachsene Dünen, Wind und Meer, die breitesten Strände Europas – und jeder schwört nur auf »seine« Insel.

Traditionell zieht es deutsche Urlauber für die »schönsten Wochen des Jahres« in die populären Badeorte. Immer beliebter werden aber auch Kurzurlaube auf den westfriesischen Nordseeinseln: übers Wochenende, einige Tage zum Durchpusten im Frühjahr oder Winter. Die Inseln erstrecken sich in einem Bogen vor der Nordwestküste, der in den (deutschen) Ostfriesischen Inseln seine Fortsetzung findet.

Hochsaison bleibt der Sommer, favorisierte Unterkünfte sind Ferienwohnungen, Bungalows in Feriendörfern, ferner der Wohnwagen und das Zelt. Deutsche stellen den größten Anteil aller ausländischen Besucher. Der anhaltend starke Trend zum Inselurlaub bereitet Bewohnern und Naturfreunden große Sorgen.

Die fünf westfriesischen Inseln – an der Nordseite die langen Sandstrände und an der Südflanke die Deiche im Wattenmeer unterscheiden sich deutlich.

Inseln für jeden Geschmack

Texel, die größte, ist Eiland für jeden Geschmack. Das autofreie **Vlieland** bietet Einsamkeit pur, ist aber militärisches Übungsgelände für Tiefflieger. Das langgestreckte **Terschelling** gilt als ein beliebtes Sommerziel für Jugendliche. **Ameland** ist bevorzugtes Ferienziel für Familien und steht vor allem bei deutschsprachigen Besuchern hoch im Kurs. Ameland ist ebenso wie die nördlichste und kleinste Insel, **Schiermonnikoog**, ein Ziel für Individualisten. Beide Inseln haben lange und breite Sandstrände und großartige Naturgebiete, durch die man radeln oder wandern kann.

Ein Schiff wird kommen ... und das Warten lohnt sich: Dank des milden Klimas ist ein Aufenthalt auf Ameland, Texel und den anderen Watteninseln zu allen Jahreszeiten erholsam.

Ameland

■ D 1/E 1

3400 Einwohner

Ameland, die drittgrößte Insel, eignet sich mit ihren zahlreichen gutausgebauten Radwegen (in regelmäßigen Abständen hängen »Fietspompen«, also Fahrradpumpen) besonders gut für einen Aktivurlaub. Beliebt ist die Insel bei Schülern, die hier ihre Ferien verleben, und bei Familien. Jeder Ort und jeder größere Zugang zum Strand wird von den Inselbussen im Stundenrhythmus angefahren. Auf die Mitnahme des eigenen Wagens kann man daher gut verzichten. Auf Ameland gibt es das Naturschutzgebiet Het Oerd. Auf der ländlich geprägten Insel liegen der gepflegte Hauptort **Nes**, die Bauerndörfer **Buren**, **Ballum** und **Hollum**. Im 14. Jahrhundert gehörte das Eiland zu Bayern, 1598 wurde es unabhängig, seit 1801 gehört es zur Provinz Friesland. Auf dem »Wattendiamant« herrscht mittlerweile ein Baustopp; es gibt rund 14 000 Betten, und etwa 10 000 Stellplätze für Camper.

Die langgestreckte Insel gilt als Kinderparadies. Pastor Edmund Janssen war es, der 1918 die ersten Jugendlichen aus Deutschland zur Erholung auf die Insel schickte. Die meisten Besucher lassen ihr Auto auf dem Festland stehen und steigen hier aufs Rad um. Der Großteil der Urlauber verteilt sich auf Campingplätze, Feriendörfer und die zu Gruppenunterkünften für Schulklassen und Jugendgruppen umgebauten Bauernhöfe. Auffallend die hohe Zahl der »Wiederholer«. Während der Vor- und Nachsaison gibt es günstige Arrangements.

Breite Dünengürtel, endlose Sandstrände und wohltuende Stille: Die Nordseeinseln sind ein Paradies für Ruhesuchende. »Störend« ist allenfalls das Geschrei der Möven …

Hotels/andere Unterkünfte

Hofker
Gepflegte Hotelpension mit Hallenbad und Sauna.
Hofkerweg 1, Nes
Tel. 05 19/54 20 02, Fax 54 28 65
36 Zimmer
Mittlere Preisklasse (AE, DC, EC)

Nobel
Traditionsreiches Haus; modernisierte Zimmer. Das Café ist auch Treffpunkt Einheimischer.
Gerrit Kosterweg 16, Ballum
Tel. 05 19/55 41 57, Fax 55 45 15
18 Zimmer
Mittlere Preisklasse (AE, EC)

Beliebt und auch preisgünstiger als ein Hotel sind Ferien auf dem **Campingplatz** oder im **Ferienhaus**. Ameland hat in jeder Kategorie das passende Angebot. Für Gruppen stehen ausgebaute Bauernhöfe zur Verfügung. Außerhalb der Sommermonate sind die Häuser bis zur Hälfte preiswerter. Rechtzeitig reservieren!

Sehenswertes

Leuchtturm
Wer die 235 Stufen bis zur 58 m hohen Plattform geschafft hat, wird mit einer herrlichen Weitsicht belohnt. Der Turm wurde 1880 erbaut.
Im Sommer tgl. 10–16.30 und 20–23 Uhr
Bei Hollum
Eintritt 3 hfl.

Naturzentrum
Gezeigt wird die geologische Entwicklungsgeschichte, außerdem gibt es Informationen zum Wattenmeer und ein See-Aquarium.
Strandweg 38, Nes
Tgl. geöffnet
Eintritt 4.25 hfl., Kinder 3.25 hfl.

Museum

Sorgdrager Museum
Das Museum besteht aus einem Bauernhaus und zwei Kommandeurswohnungen. Hier erfährt man etwas zur Inselgeschichte und zum Leben auf der Insel.
Herenweg 1, Hollum
Öffnungszeiten unregelmäßig
Eintritt 4 hfl.

Essen und Trinken

De Drie Balken
Immer gut besuchtes Restaurant, empfehlenswert die Fischgerichte.
M. Janszenweg 2, Nes
Tel. 05 19/54 20 30
Tgl. bis 24 Uhr
Mittlere Preisklasse

De Klimop
Rustikal eingerichtet mit Kamin. Originelle Fleisch- und Fischgerichte.
Joh. Hofkerweg 2, Nes
Tel. 05 19/54 22 96
Mittlere Preisklasse

Nescafé
Typisches Eetcafé, immer voll.
Van Heeckenerenstraat 10, Nes
Tel. 05 19/54 27 60
Mittlere Preisklasse

Service

Auskunft

VVV Ameland
Rixt van Doniaweg 2, 9163 ZL Nes
Tel. 05 19/54 20 20, Fax 54 29 32
Mo–Fr 8.30–12.30 und 13.30–18.30, Sa 8.30–16 Uhr

Fähre
Holwerd-Ameland (»Wagenborg«)
Tel. 05 19/54 61 11 (Reservierung)
Preis Erwachsene 19.25 hfl., PKW 131 hfl. (Sommertarif)

Schiermonnikoog ■ E1

980 Einwohner

Ein Ziel, das das Prädikat »Psst! Nicht weitersagen!« verdient. Die nördlichste der westfriesischen Inseln – dort, wo die Niederlande am schönsten sind – ist eine einzige Überraschung. Auf der 16 Kilometer langen und vier Kilometer breiten Insel gibt es all das, was rar geworden ist: Natur, noch mehr Sandstrand, freundliche Menschen und viel Ruhe. Die kleinste Watteninsel, seit 1988 Nationalpark, präsentiert sich als ein Stück paradiesische Welt, denn das kleine Eiland, »lytje pole«, mit dem großen Dünenpark ist sozusagen autofrei. Abgesehen von Bussen und Taxen bestimmt das Fahrrad das Tempo. Die Sandbänke vor Schiermonnikoog (auch die vor Ameland) gelten als Kinderstube junger Seehunde. Die Strände, sie gehören zu den breitesten Europas, sind so weiß wie auf einer Insel in der Südsee, die Dünen hoch und alt, die Landschaft mit ihren Wäldern und Wiesen abwechslungsreich. Rad- und Wanderwege durchkreuzen das Eiland, in dem praktisch alles unter Naturschutz steht. Nicht eine einzige Blume darf gepflückt werden. Auch der Ortskern im einzigen Inseldorf mit seinen alten Giebelhäusern aus dem 18. Jahrhundert steht unter Denkmalschutz.

Die Insel wurde im 12. Jahrhundert von Zisterziensermönchen besiedelt, kam nach der Reformation zur Provinz Friesland, die die Insel 1638 verkaufte. 1892 erwarb sie der deutsche Graf Hartwig A. von Bernstorff-Wehningen, der die zwei großen Wälder anlegen ließ. Nach dem Zweiten Weltkrieg wurde die Insel enteignet und gehört heute dem niederländischen Staat.

Die meisten Besucher sind Tagesgäste, die Bettenkapazität wurde auf 5500 beschränkt. Schiermonnikoog ist Einsamkeit pur, turbulentes Nachtleben ist hier unbekannt. Die Insel wird in erster Linie von niederländischen Stammgästen besucht. Sie verhindern, daß das Eiland zum Massenziel wird. Die Überfahrt vom Festland dauert etwa 45 Minuten.

Die »Insel der grauen Mönche« – so die Übersetzung des Namens Schiermonnikoog – ist die kleinste der Westfriesischen Inseln. Einer ihrer 980 Bewohner ist in dieser Fischerhütte zu Hause.

Hotels/andere Unterkünfte

Bed & Brochje
Zimmer mit Frühstück bieten mehrere Familien im Dorf an. Die Preise bewegen sich ab 35 hfl. pro Person und Tag. Adressen beim VVV
(→ Service, S. 105).

Noderstraun
Modernes Hotel am Strand, mit Appartements in den Dünen; Restaurant ist teuer, aber das Personal freundlich.
Badweg 91
Tel. 05 19/53 11 11, Fax 53 18 57
48 Zimmer
Obere Preisklasse (AE, EC, DC)

Van der Werff
Traditionsreiches Badhotel, liebenswert verstaubte Atmosphäre, Ziel für Hollands stadtmüde Künstler und Intellektuelle. Treffpunkt ist das stimmungsvolle **Bruine Café**, ein stilvolles Restaurant mit fleißigen Obern.
Reeweg 2
Tel. 05 19/53 12 03, Fax 53 17 48
56 Zimmer
Mittlere Preisklasse (AE, DC, EC)

Jugendherberge »Rijsbergen«
Im ehemaligen Wohnhaus des Grafen Bernstorff am Ortsrand befindet sich die Jugendherberge. Auch für Gruppen und Familien. Zimmer für vier bis acht Personen.
Knuppeldam 2
Tel. 05 19/53 12 57, Fax 53 16 80

Essen und Trinken

Vishandel
Den leckersten und besten Fisch bekommt man in dieser Snackbar. Auch Außerhausverkauf.
Noorderstreek 38
Tel. 05 19/53 17 43
Untere Preisklasse

Sehenswertes

Nationalpark
Die gesamte Insel steht unter dem Schutz der »Vereniging tot Behoud van Natuurmonumenten«. Der Nationalpark ist rund 5400 ha groß, Rad- und Wanderwege, die man nicht verlassen darf, führen durch das Gelände, in dem rund die Hälfte aller in den Niederlanden vorkommenden Pflanzen heimisch sind. Auf den Heller- und Dünenflächen weiden Schafe und Rinder, dadurch soll eine natürliche Vegetationspflege erreicht werden. Auch ein Teil des Strandes steht unter Schutz. Die natürliche Dünenbildung wird nicht beeinflußt. Der Nationalpark kennt drei Kerngebiete: **Westerplas** (zwischen Het Rif und dem Banckspolder), **Kapeglop** (ein 8 ha großes Dünental mit wilden Orchideen) und **Kobbeduinen** (nördlich des Kooiweges und Teil des Vogelreservats).

Service

Auskunft

VVV Schiermonnikoog
Reeweg 5
9166 ZP Schiermonnikoog
Tel. 05 19/53 12 33, Fax 53 13 25

Fähre
Lauwersoog–Schiermonnikoog
Wagenborg
Tel. 05 19/34 90 50
Mo–Sa 6.30, 9.30, 11.30, 13.30, 17.30, 19.30 (Fr)
Überfahrt 45 Min., keine Privatwagen, gebührenpflichtiger Parkplatz am Hafen
Preis Erwachsene 19.25 hfl., Kinder 10.65 hfl. (Sommertarif)

Insel-Taxi
Tel. 05 19/53 14 00, 53 10 10

Terschelling ■ C 1/D 1

4800 Einwohner

Die zweitgrößte Insel, 28 Kilometer lang, steht zum großen Teil unter Naturschutz. Hauptort und Fährhafen ist West-Terschelling mit einigen hübschen Kapitänshäusern. Während des Sommers ist die Insel (fast) fest im Besitz jugendlicher Gäste. West-Terschelling und Midsland sind bekannt für ein ausgeprägtes Nachtleben. Weitere Orte sind Hoorn und Oosterend.

Rund 600 wilde Pflanzen wachsen hier, in den Dünen unter anderen die seltenen roten Cranberries, auch Moorbeeren genannt. Aus ihnen werden Likör, Marmelade und Wein hergestellt. Am Wattenmeer kann man Brandseeschwalben, Löffler, Reiher, Eiderenten, Austernfischer, Gänse aller Art und die winzigen Alpenstrandläufer beobachten. Durch zunehmende Verschmutzung des Wassers, vor allem durch die Gifte der Landwirtschaft, durch Öl und durch die Ablagerungen (Schwermetalle, Quecksilber, PCB unter anderem) der Flüsse bedingt, wird das Gleichgewicht des Wattenmeeres allerdings empfindlich gestört.

Die Insel wird seit dem 13. Jahrhundert bewohnt und wurde wohlhabend durch Wal- und Fischfang. 1616 kam sie zur Provinz Friesland, 1814 wurde sie Noordholland zugeschlagen, und seit 1942 ist sie wieder friesisch. Während des englisch-holländischen Seekriegs wurde die Insel von englischen Kriegsschiffen angegriffen; mehr als hundert holländische Handelsschiffe wurden zerstört, die Dörfer verbrannt. Wahrzeichen und einziges historisches Bauwerk ist der 45 Meter hohe Leuchtturm Brandaris, 1594 aus Ziegeln erbaut.

Logenplatz für Beutejäger: Auch für den eleganten Graureiher ist das Überleben im Wattenmeer mittlerweile schwieriger geworden. Am Ostkap von Terschelling findet man jedoch ein Naturschutzgebiet mit zahlreichen Vogelbrutplätzen.

Hotels/andere Unterkünfte

Buren
Einfaches Familienhotel, ruhig im Dorfzentrum gelegen.
Mentzstraat 20, Burg
Tel. 05 62/44 22 26
16 Zimmer
Untere Preisklasse

Nap
Hinter weißen Mauern zweckmäßige Zimmer, Restaurant.
Torenstraat 55, West-Terschelling
Tel. 05 62/44 32 10, Fax 44 33 15
33 Zimmer
Mittlere Preisklasse (AE, DC, EC, Visa)

De Walvisvaarder
Umgebauter Bauernhof, reizvoll eingerichtet, Sauna. Unweit des Naturschutzgebietes Kogelwieck.
Lies 23
Tel. 05 62/44 90 00
40 Zimmer
Mittlere Preisklasse

Museen

't Behouden Huys
Bescheidenes Heimatmuseum, in dem auch ein Modell vom Leuchtturm Brandaris steht. Schwerpunkte sind das Inselleben, die Seefahrt und die Geschichte von Willem Barendsz, auf Terschelling 1555 geboren, der 1594 die Nordostpassage nach Indien entdeckte.
Commandeurstraat 32
West-Terschelling
April–Okt. Mo–Fr 10–17 Uhr
Eintritt 5 hfl.

Natuurmuseum
In der ehemaligen Dorfschule vermittelt das »Centrum voor natuur en landschap« Wissenswertes zum Wattenmeer, außerdem Aquarium mit Nordseefischen.
Reedekerstraat 11, Burg
April–Okt. Mo–Fr 9–17, Sa/So 14–17 Uhr
Eintritt 7.50 hfl.

Am Abend

De Braskoer
Pub mit moderner Disko (ab 21 Uhr).
Torenstraat 32
West-Terschelling

Kroeg de Stoep
Gemütliche Bar mit Live-Musik, gemischtes Publikum.
Oosterburen 5
Midsland

't Spyntje
Kleines Lokal, in dem sich auch Besucher über 30 wohl fühlen.
Oosterburen 12
Midsland

Service

Auskunft

VVV Terschelling
Willem Barendszkade 19a
8880 AA West-Terschelling
Tel. 0562/44 30 00, Fax 44 28 75
Mo–Fr 9–17, Sa bis 13 Uhr

Fähre

Harlingen–Terschelling
Tel. 05 62/44 27 70, 44 61 11 (Auto)
Tel. 05 62/44 32 20 (Schnelldienst)
Mo–Fr 10.05, 15.05, 19.50 Uhr
Fahrpreis Erwachsene 39.90 hfl., Kinder 20.70 hfl., Autos pro halber Meter 20.70 hfl., Motorräder 49.20 hfl., PKW-Reservierung erforderlich

Wanderungen

Die Forstverwaltung hat sechs Wanderungen, die jeweils 5 bis 6 km lang sind, ausgetüftelt und in Faltblättern beschrieben. Auskunft VVV.

Texel

C1/C2

1100 Einwohner

Wegen seiner Nähe zum Festland (20 Minuten Überfahrt) gilt Texel eigentlich kaum noch als Insel und zieht auch die meisten Gäste von allen Inseln an. Mit einer hervorragenden Infrastruktur ist Texel auch bei Radlern wegen seiner gutausgebauten Wege beliebt – die Entfernungen sind jedoch groß. Die größte der westfriesischen Inseln ist 15 Kilometer lang und rund neun Kilometer breit. Auf Texel ist das gesamte Jahr über Saison. Obwohl der Fremdenverkehr wichtig ist, spielt auch die Landwirtschaft noch eine bedeutende Rolle. Texel steckt voller Besonderheiten. Anders als auf den anderen Inseln liegt der Hauptort **Den Burg** etwa in der Mitte der Insel, reizvoll sind die anderen Dörfer De Koog, Den Hoorn, De Waal, Oudeschild und Oosterend. Typisch sind auch die reetgedeckten denkmalgeschützten »Gulfhäuser«, die als Schafställe dienen. Im Frühjahr blühen Narzissen, Krokusse, Hyazinthen. Der Strand ist 25 Kilometer lang, und bei Pfahl (paal) 28 ist FKK gestattet. Es gibt mehrere Camping- bzw. Ferienbungalow-Großprojekte, unter anderem De Krim, Dennenoord, 't Stapeland, Californië, Sluftervallei.

Von Texel aus kann auch die Nachbarinsel **Vlieland** besucht werden. Sehenswert ist das Inselmuseum in **Het Tromp Hyys** (Dorpsstraat 99). »De Vriendschap« pendelt zwischen beiden Inseln von Mai bis September täglich zweimal (9.30 und 11 Uhr, Fahrpreis 22.50 hfl.; Tel. 02 220/ 163 40).

Für passionierte Petrijünger ist Angeln einfach die schönste Nebensache der Welt – auf Texel finden sie optimale Bedingungen für ihren Sport.

Hotels/andere Unterkünfte

Het Gouden Boltje
Nagelneues Familienhotel, Terrasse und Wintergarten.
Dorpsstraat 228
De Koog
Tel. 02 22/31 77 55, Fax 32 73 41
22 Zimmer und Suiten
Obere Preisklasse (AE, DC, EC)

't Koogerend
Einfache Familienpension, zentral gelegen.
Kogerstraat 94
Den Burg
Tel. 02 22/31 33 01, Fax 31 59 02
25 Zimmer
Untere Preisklasse

Opduin
Einziges komfortables Haus der Insel, geschmackvoll eingerichtete Zimmer, Schwimmbad und Restaurant.
Ruyslaan 22
De Koog
Tel. 02 22/31 74 45, Fax 31 77 77
90 Zimmer
Obere Preisklasse (AE, DC, EC)

Sehenswertes

EcoMare
Naturhistorisches Informationszentrum mit Seehundstation. Besucherhit: die Fütterungszeiten (tgl. 11 und 15 Uhr). Entwicklungsgeschichte der Insel und die Bedrohung durch den Tourismus. Modell eines Wals, Dünenpark und Vogelpflegestelle. EcoMare organisiert auch Wanderungen durchs Wattenmeer, in die Dünen und Vogelgebiete.
Ruyslaan 92
De Koog
Tel. 02 22/31 77 41
Tgl. 9–17 Uhr
Eintritt 8 hfl.

Museum

Maritim en Juttersmuseum
In einer Scheune wird das im Laufe der Jahrzehnte gesammelte kunterbunte Durcheinander an Strandgut gezeigt. Restaurierte Getreidemühle, dort wird Strom erzeugt. Im Hauptgebäude archäologische Funde aus Schiffswracks.
Barendszstraat 21, Oudeschild
Mo–Sa 9–17 Uhr
Tel. 02 22/31 49 56

Essen und Trinken

De Graanzolder
Historisches Speicherhaus am Hafen, einfache Einrichtung, hier sollte man Fischgerichte bestellen.
Haven 8, (2. Etg.), Oudeschild
Tel. 02 22/31 46 81
Tgl. 11–23 Uhr
Mittlere Preisklasse (AE, EC, Visa)

Het Kompaß
Spezialität sind alle Fisch- und Lammgerichte. Whiskybar.
Herenstraat 7, Den Hoorn
Tel. 02 22/31 93 60
Obere Preisklasse (AE, DC, EC, Visa)

Service

Auskunft

VVV Texel
Emmalaan 66
Mo–Fr 9–18 Uhr, Sa 9–17 Uhr
1791 AV Den Burg
Tel. 02 22/314741, Fax 31 00 54

Fähre
Den Helder–Texel
Teso
Tel. 02 22/36 96 91/92
Erwachsene 11.25 hfl.,
PKW 50.25 hfl.
Abfahrt Den Helder 6.35–21.35 Uhr stündlich, keine Reservierung

Von Amsterdam durchs Ijsselmeer

Wer wenig Zeit hat und es ganz bequem haben will, tourt mit dem Auto von der Hauptstadt nordwärts durch das flache Land.

Reißbrettstadt Lelyslad

Verläßt man Amsterdam über die Brücke nach Almere, ist die turbulente Stadt schon nach einer halben Stunde Jahrhunderte weit weg. Die Fahrt geht auf der Autobahn (A 6) über den trockengelegten Meeresboden durch die Provinz nach **Lelystad**, das seinen Namen vom Erbauer des Zuidersee-Dammes Cornelius Lely hat.

Hafenstädtchen mit großer Vergangenheit: Enkhuizen

Am Hafen von Lelystad beginnt hinter der Schleuse der fast 30 Kilometer lange Fahrdamm (N 302) Richtung Enkhuizen. Links und rechts Wasser, die ehemalige Zuiderzee. Als dies Meer noch eine Nordseebucht war, segelten hier die schwerbeladenen Schiffe mit ihren Schätzen aus Asien und brachten den Wohlstand in die Städte. Zum Beispiel nach **Enkhuizen**, das am anderen Ende des Deichs liegt. Von hier aus fahren Sie ins benachbarte **Hoorn** und dann weiter auf der Autobahn (A 7) durch Altholland nach **Den Oever** zum Abschlußdeich. Auf der anderen Seite, in Friesland, liegt das historische **Harlingen**. Die Straße (R 301) führt durch flaches Ackerland nach **Franeker**, einer netten Kleinstadt. Attraktion des Städchens ist das Planetarium, das der Autodidakt Eise Eisingen zwischen 1774 und 1781 zusammenbaute. Es gibt bis heute den Stand von Planeten und Sternen an. Auf der Landstraße (R 301) geht es weiter nach **Leeuwarden**. Endpunkt der N 355 ist das lebhafte **Groningen**.

Strecke: ca. 240 km
Dauer: Tagesausflug
Karte: → Klappe vorne

Entlang der Wasserdörfer

Ein rund 6000 Kilometer langes Wassernetz und ein flaches Land mit zahllosen Radwegen – wie geschaffen für eine Fahrrad- und Bootstour!

Im Frühsommer lockt in Nord-Limburg die Spargelroute durchs »Aspergeland«. Aber auch außerhalb dieser Jahreszeit ist die Tour ein Erlebnis. Man beginnt die rund 85 Kilometer lange Fahrt in der Einkaufsstadt **Venlo**, fährt über Maasbree, Horst-Melderslo, Broekhuizen, Wanssum, Wellerlooi und gelangt schließlich nach Arcen.

Spargelmuseum in Horst-Melderslo

In **Horst-Melderslo** befindet sich das Spargelmuseum »De Locht«, ein historischer Bauernhof aus dem Jahre 1859. Das Schlafzimmer, ein Keller mit Eingemachtem, die »beddestee«, die gute Stube, und natürlich die Küche – alles ist so eingerichtet, als ob die Bewohner erst gestern weggezogen wären. Seit 390 Jahren wird in Limburg Spargel angebaut!

Die Region ist ein Patchwork aus Ruinen und Kirchen, Abteien und Ziegeleien, aus Kartoffeläckern und Maisfeldern. Die Orte sind schmuck, manche regelrecht malerisch wie Arcen, ihre Gassen sind sauber und tragen schrullige Namen. Achten Sie auf die verschiedenen Braun- und Rottöne der Ziegelsteine, Giebelfronten mit den Wappen der früheren Besitzer, einstöckige Familienhäuser, vor denen Geranien blühen ...

Besuch im Blumenmeer: Schloßpark Arcen

Mit der Fähre setzen wir von Broekhuizen über den Strom und kommen nach **Arcen**, das zwei besondere Überraschungen bereithält: das Thermalbad Vink, vor allem bei Deutschen beliebt, und den Schloßpark. Durch dieses weite Landgut – das Schloß wurde 1653 von den Grafen von Gelre erbaut – kann man stundenlang wandern und wird doch stets aufs neue überrascht. Der Schloßpark gehört zu den größten und prächtigsten des Landes – und das will im blumenreichen Holland schon etwas heißen! Hier blühen im Juni rund 20 000 Rosen, verteilt auf 220 verschiedene Sorten, außerdem gibt es weitere 150 000 Pflanzen und mehr als eine Million Zwiebelgewächse. In zahlreichen Mustergärten können sich Hobbygärtner Anregungen holen.

Unweit des Schlosses, an der Straße Richtung Venlo, befindet sich die Wassermühle **De Ijsvogel**. Hinter diesem Gemäuer aus dem 17. Jahrhundert wird Spargellikör hergestellt. Der **liqueur d'asperges,** gebrannt aus Spargelschalen, fünf Kräutern und Muskat, schmeckt sanft süß und riecht – natürlich nach Spargel. Die Brauerei **Arcense Stoombierbrouwerij** befindet sich am anderen Ortsende von Arcen, und die Bierkneipe, die dazu gehört, ist vor allem an schönen Sonnentagen ein beliebtes Ausflugsziel.

Exotisch: Spargellikör

Dann geht es weiter über eine gewundene Straße, die Maasroute Roermond–Asselt, die uns vorbei an der romanischen Dionysiuskirche nach **Beesel** führt, wo die Maas-Fähre nach Kessel ablegt. Von der Burgruine **Keverberg** aus dem 12. Jahrhundert hat man den schönsten Aussichtsblick über die Maaslandschaft.

Auskunft: Verkehrsverein (VVV), NL-5911 KK Venlo, Koninginneplein 2, Tel. 00 31/77/54 38 00
Dauer: Tagesausflug; mit dem Rad entsprechend länger
Karte: → Klappe vorne

Kein Problem, sich zurechtzufinden: Wegweiser in Altholland

Von Enkhuizen nach Texel

TopTen 3

Einmal ein »richtiger« Matrose sein und auf einem historischen Einmaster salzige Luft schnuppern – eine Traumreise für alle, durch deren Adern noch ein wenig Abenteurerblut fließt!

Der erste Abend an Bord. Man sitzt an Deck, die »Eendracht« macht gute Fahrt, und die Sonne fällt fast kreisrund hinter all den Tauen, die wie ein gigantisches Spinnennetz zwischen den Masten hängen, ins Meer. Das Tauwerk knarzt, und die Bugwelle rauscht. Dann schaukelt ein Schwarm Gänse auf dem Wasser – »Das ist ein gutes Zeichen«, sagt Henk, der an der Ruderpinne steht.

Henk, Kapitän und Teetrinker, hat diesen Segler in Hunderten von Arbeitsstunden hergerichtet und seetüchtig gemacht. Die robuste Einmast-Tjalk ist knapp 100 Jahre alt, und dort, wo heute der »Salon« und die Kajüten mit den 16 Etagenbetten eingebaut sind, wurde früher Getreide, Sand, Obst und Torf transportiert.

Im Bootshafen von **Enkhuizen** betreten die »Matrosen auf Zeit« die Planken der »Eendracht«. Das Schiff gehört zur traditionellen »bruine vloot«, der Vereinigung der »Traditionellen Charterflotte«. Das Abenteuer auf dem Ijsselmeer kann beginnen. Die »Besatzung« wird zum Segelsetzen geschickt. Daß dieser Urlaub auch mit Arbeit verbunden ist, stört niemanden. 280 Quadratmeter Segelfläche treiben das Schiff über das Ijsselmeer, Kurs West, Richtung Nordsee. Die einen faulenzen in der Sonne, andere wechseln sich an der Ruderpinne ab, und alle lauschen dem Geknatter der Segel.

Auskunft/Buchungen: »De Zeilvaart«, Stationsplein 3, 1600 HD Enkhuizen, Tel. 0 22 8/31 24 24
Dauer: 3 Tage und länger

Auskunft

In der Bundesrepublik Deutschland
Niederländisches Büro für Tourismus (NBT)
Postfach 27 05 80
50511 Köln
Tel. 02 21/2 57 17 27, Fax 2 57 17 37
Mo–Fr 10–12 und 14–16 Uhr
http://www.nbt.nl

In der Schweiz
NBT
Rautistr. 12
8047 Zürich
Tel. 01/4 05 22 22, Fax 4 05 22 00

In Österreich
Postfach 160
1041 Wien
Tel. 01/5 04 33 19

In den Niederlanden
Nationales Reservierungszentrum
Postbus 404
2260 AK-Leidschendam
Tel. 070/3 17 54 56, Fax 3 20 26 11

Verkehrsbüros VVV
Informationen, Hotelreservierungen und Eintrittskarten zu allen kulturellen Veranstaltungen. Reservierungen kosten eine Gebühr.
In Amsterdam gibt es zwei VVV-Büros:
gegenüber der Centraal Station
■ d 2, Klappe hinten
Mo–So 9–17 Uhr
im Bahnhof ■ d 2, Klappe hinten
Mo–So 8–21 Uhr
Service-Nummer in Deutschland 0190-270166 (1,20 DM pro Minute).
Auskünfte zum Wetter, über Unterkünfte und Wasserqualität.
http://www.vvv.nl
Weitere VVV-Büros stehen unter »Service« bei den einzelnen Orten.

Öffentlicher Verkehr:
Tel. 09 00/92 92 (75 Cent pro Minute)

Behinderte

Die Stiftung Informatie Gehandicapten (IG) hat eine Broschüre mit Adressen zusammengestellt (3.50 hfl. in niederländischer Sprache).

Informatie Gehandicapten
Zakkendragershof 34–44
Postbus 70
3500 AB-Utrecht
Tel. 0 30/2 31 64 16, 2 30 66 03
Tgl. 10–17 Uhr

Bevölkerung

Mit 453 Einwohnern/qkm gehören die Niederlande zu den am dichtestbesiedelten Ländern Europas. 1996 wurden 15,3 Mio. Einwohner gezählt – neun Millionen mehr als um die Jahrhundertwende. Mehr als die Hälfte aller Niederländer lebt in der »Randstad«, dem großstädtischen Raum, der die Provinzen Nord- und Südholland umfaßt. Weniger dicht besiedelt sind Drenthe, Groningen, die Achterhoek. Neben den Niederländern leben noch rund 200 000 Friesen im Land. Aus den ehemaligen Kolonien Surinam und Indonesien kamen rund 164 000 Surinamer und einige tausend Indonesier ins Land.

Etwa 25% der Bevölkerung bekennen sich zum katholischen Glauben. Der Islam ist die zweitgrößte Religion in Holland.

Drogen

Bis heute tolerieren nur die Niederlande die sogenannten Coffeeshops. Eine Legalisierung ist vorerst nicht zu erwarten. Auf die Ein- und Ausfuhr von Opiaten steht eine Gefängnisstrafe von bis zu zwölf Jahren. In den Coffeeshops dürfen pro Verkaufsvorgang nicht mehr als 5 g Marihuana abgegeben werden.

Feiertage

1. Jan.	Neujahr
25. Feb.	Februarstreik (Gedenkfeier am »Dokwerker« in Amsterdam, erinnert wird an den Widerstand gegen die deutsche Besatzung)
15. März	Stille Ommegang (nächtliche Wallfahrt durch Amsterdam)
Oster- und Pfingstmontag	
30. April	Königinnentag
4. Mai	Dodenherdenking (Gedenkfeier am Nationaal Monument, Dam, erinnert wird an die Toten während der Besatzung)
5. Mai	Befreiungstag
Himmelfahrtstag	
25./26. Dez.	Weihnachten

Geld

Die Währungseinheit ist der niederländische Gulden (abgeleitet vom ursprünglichen Namen Florin). In Umlauf sind Banknoten von 10, 25, 50, 100, 250 und 1000 Gulden sowie Münzen von 5 Cent (Stuiver), 10 Cent (Dubbeltje), 25 Cent (Kwartje), 1 Gulden, 2.50 Gulden (Rijksdaalder) und 5 Gulden. Eindringlich wird vor den zahlreichen Chequepoint oder Change-Stuben gewarnt. Die Provisionen (Kommission) liegen meist über 10%. Günstiger ist es, wenn man bereits daheim Gulden wechselt.

1 DM=1,12 hfl.
1 sFr=1,35 hfl.
1 öS=0,15 hfl.

Alle internationalen Kreditkarten (z. B. Master Card, Diners Card, Visa, American Express) werden akzeptiert.

Vom Postsparbuch kann man nur bei Hauptpostämtern Geld abheben.

Wechselkurse

NL Gulden	D Mark	CH Franken	A Schilling
0,50	0,45	0,37	3,13
1,00	0,89	0,74	6,26
2,00	1,78	1,48	12,52
5,00	4,45	3,70	31,31
10,00	8,91	7,39	62,63
20,00	17,80	14,60	125,26
30,00	26,70	21,90	187,89
50,00	44,54	36,97	313,15
100,00	89,09	73,94	626,30
250,00	222,72	184,85	1564,75
500,00	445,44	369,70	3131,50
750,00	668,17	554,55	4697,25
1000,00	890,90	739,40	6263,00

Stand: Dezember 1997

Nebenkosten
(umgerechnet in DM)

1 Tasse Kaffee	2,50–3,25
1 Bier	2,50–3,25
1 Cola	2,50–3,25
Tellergericht	ca. 16,00
1 Sandwich	4,00–8,00
1 Stunde Parken	3,00–4,50
Parktageskarte für Amsterdam	ca. 23,00
1 Liter Benzin	ca. 2,02
Fahrt mit öffentl. Verkehrsmitteln (Einzelfahrt)	ca. 2,70
Taxi (5 km)	18,00
Mietwagen/Tag	ab ca. 105,00

Medizinische Versorgung

Zwischen den Niederlanden und der Bundesrepublik besteht ein Sozialversicherungsabkommen, d. h. theoretisch ist Versicherungsschutz durch den Schein E111 gewährleistet.
ANOZ, Versicherung-Ausland
Tel. 0 30/2 56 54 50

Museen

Bei mehrmaligem Museumsbesuch lohnt der Kauf der Museumsjaarkaart. Sie kostet 47.50 hfl., Jugendliche bis 24 Jahre zahlen 17.50 hfl., die Karte ist ein Jahr gültig und berechtigt zum kostenlosen und uneingeschränkten Besuch von mehr als 420 der wichtigsten Museen in den Niederlanden. Im Handbuch (nur in niederländisch) »Museum Nederland« werden 950 Museen und Botanische Gärten beschrieben. Erhältlich bei den VVV-Büros, in den Museen, beim NBT Köln und bei:
Stichting Museumjaarkaart
Groenhazengracht 2c
2311 VT Leiden
Tel. 071/5 13 32 65 (Paßfoto nicht vergessen)

Notruf

Im ganzen Land gilt die kostenlose Notrufnummer 112.

Politik

Die Niederlande sind eine konstitutionelle Monarchie mit parlamentarischem Regierungssystem. Staatsoberhaupt ist Königin Beatrix, Thronfolger Prinz Willem Alexander. Das Königshaus nennt sich Oranje-Nassau. Nach der Verfassung ist die Königin (der König) unverletzlich, die Minister haben sich dem Parlament zu verantworten. Am dritten Dienstag im September, dem **prinsjesdag**, eröffnet die Königin die Sitzungsperiode des Parlaments. Sie fährt mit der »Goldenen Kutsche« durch Den Haag – der große Festtag für alle Monarchisten.

Post

Postämter sind mit der grünen Aufschrift PTT (Post-Telegraaf-Telefoon) gekennzeichnet. In Bahnhöfen gibt es keine Post!
Öffnungszeiten
Mo–Fr 9–18, Sa 9–12 (13.30) Uhr

Reisedokumente

Fast alle Zollämter an der deutschen und belgischen Grenze wurden Anfang 1994 aufgelöst. Es werden hin und wieder (u. a. wegen Drogendelikten und Asylbewerbern) Kontrollen durchgeführt.

Reisewetter

Das Wetter wird vom Meer geprägt – mit angenehm warmen Sommern und milden Wintern. Der Golfstrom übt eine mäßigende Wirkung aus. Die geringe Ausdehnung des Landes hält die regionalen Klimaunterschiede in Grenzen, läßt aber doch gewisse Temperaturschwankungen erkennen. So scheint etwa die Sonne in Zeeland und Limburg häufiger als im Rest des Landes. In Nord-Holland werden durchschnittlich 1600 Sonnenstunden gezählt. In den letzten Jahren waren Eis und Schnee eine Seltenheit.

Sprache

Amtssprache ist Niederländisch; Friesisch ist in der Provinz Friesland als Minderheitensprache anerkannt.

Telefon

D, A, CH → NL: 00 31
NL → D: 00 49
NL → CH: 00 41
NL → A: 00 43
Inlands-Auskunft: 06 80 08
Internationale Auskunft: 06 04 18
Telefonkarten sind weit verbreitet.

In den Niederlanden gibt es zwei Netzwerke für Mobiltelefone: GSM und NMT. GSM ist weltweit, NMT wird meist fürs Inland genutzt. Auskünfte bei Mobile Communikatie, Tel. 06/01 06 (gebührenfrei).

Trinkgeld

Die Bedienung erhofft sich 10%, aber nicht mehr als 10 Gulden. Auch Taxifahrer, das Zimmermädchen und die Toilettenfrau (50 Cent) erwarten ein Trinkgeld.

Wirtschaft und Tourismus

Das Bruttosozialprodukt beträgt 571 Mrd. Gulden. Rund 65% des Einkommens erwirtschaftet das Güter- und Dienstleistungsgewerbe. Die Bundesrepublik Deutschland ist der wichtigste Außenhandelspartner der Niederlande. Jährlich werden im Tourismus rund 35 Mrd. Gulden umgesetzt. Die meisten ausländischen Touristen kommen aus der Bundesrepublik – 2,5 Mio. Deutsche.

Zeitungen

Die größte Zeitung des Landes ist der konservative und königstreue »De Telegraaf«; »Volkskrant« und »NCR Handelsblad« (Abendzeitung) sind die liberalen Blätter.

Zoll

Mengenmäßige Ein- und Ausfuhrbeschränkungen für Tabak, Alkohol etc. gibt es innerhalb der EU nicht mehr. Für Schweizer gelten folgende Mengenbeschränkungen: 200 Zigaretten oder 50 Zigarren oder 250 g Tabak, 1 l Spiritousen oder 2 l Likör und 2 l Wein, 50 g Parfüm oder 0,25 l Eau de Toilette.

Die genauen Klimadaten von **Amsterdam**

	Januar	Februar	März	April	Mai	Juni	Juli	August	September	Oktober	November	Dezember
Durchschnittl. Temp. in °C – Tag	4,6	5,2	8,7	12,6	17,1	20,1	21,6	21,5	18,9	13,9	9,0	6,0
Durchschnittl. Temp. in °C – Nacht	0,5	0,6	2,7	5,9	9,3	12,4	14,5	14,5	12,3	8,4	4,9	2,1
Sonnenstunden pro Tag	1,8	2,5	3,6	5,5	6,8	7,2	6,2	5,9	4,8	3,1	1,8	1,3
Regentage	14	11	9	9	9	9	11	11	12	12	14	13

Quelle: Deutscher Wetterdienst, Offenbach

vorrömische Zeit
Das niederländische Gebiet wird im Westen von keltischen Belgen, im Osten von Batavern besiedelt.

ab 59 v. Chr.
Romanisierung des Gebiets.

um 400
Eroberung der niederländischen Gebiete durch Germanen, im Westen durch Franken, im Osten durch Friesen. Teil des Frankenreichs.

925
Die Niederlande kommen als Teil des Herzogtums Lothringen zum Deutschen Reich.

1066
Handfeste von Huy (bei Lüttich): Erstmals erlangt eine Stadt nördlich der Alpen kommunale Selbständigkeit; dies führt zu sozialen Bewegungen in den Städten ab 1280.

1100
Die Grafschaft Holland wird selbständig.

ab 1384
Einbindung von 17 niederländischen Provinzen (heutige Niederlande, Belgien, Luxemburg und nördliche Grenzgebiete zu Frankreich) in das Zwischenreich Burgund.

1433–1543
Die nördlichen 7 Provinzen kommen in einem Staatsverband zusammen.

1477
Die niederländischen Provinzen werden durch Heirat habsburgisch.

1516
Die Niederlande kommen zur spanischen Linie der Habsburger unter König Carlos I.; Zusammenwachsen im Widerstand.

1535
Wiedertäufer (religiöse Sekte) erklären Amsterdam zum »zweiten Jerusalem«.

1566
Rigorose Besteuerung durch Spanien und Versuche, die Gegenreformation durchzusetzen, führen zum Aufstand.

1568
Hinrichtung der Grafen Egmont und Hoorn als Sprecher der bürgerlichen Opposition führt zu neuer Widerstandsbewegung und zum 80jährigen Krieg mit Spanien.

1574
In Leiden wird die erste Universität des Landes gegründet.

1578
Mit der »Alterie« vom 26 . Mai werden die Katholiken vertrieben, Calvinisten übernehmen die Macht.

1581
Unabhängigkeitserklärung der nördlichen Provinzen. Konstitution der neuen (= in etwa heutigen) Niederlande als Republik mit oberstem Statthalter aus dem Haus Oranien. Die Niederlande werden zu einer Macht ersten Ranges in ökonomischer, wissenschaftlicher, finanzieller und wissenschaftlicher/künstlerischer Hinsicht. Beginn des »Goldenen Jahrhunderts«, das um 1670 endet.

1658
Wirtschaftsblockade (Sperrung der Schelde) durch Niederlande und Einnahme Antwerpens durch die Spanier verhelfen Amsterdam, sich zum wichtigsten Handelsplatz Europas zu entwickeln.

1602
Gründung der Vereinigten Oostindischen Compagnie (VOC), die zur größten Handelsgesellschaft wird.

1605
Holländisches Kolonialreich in Indonesien.

1609
Henry Hudson entdeckt Nieuw Nederland an der Ostküste Nordamerikas.

1648
Haager Friede beendet 80jährigen Krieg. Anerkennung der Unabhängigkeit der Niederlande.

1651
Englischer Navigation Act gegen das Monopol der Holländer in der Überseeschiffahrt führt zu holländischen Seekriegen (1652–1654, 1665–1667, 1672–1674).

1795
Franzosen erobern das Land. Die oligarchische Republik der Generalstaaten bricht zusammen, wird durch Batavische Republik (französische Tochterrepublik) ersetzt.

1806
Königreich Holland unter König Louis Bonaparte, Vasallenstaat Frankreichs.

1815
Königreich der Vereinigten Niederlande mit dem heutigen Belgien (–1830) und Luxemburg (–1867): konstitutionelle Monarchie unter Wilhelm I. von Oranien.

1862
Gesetz zur Aufhebung der Sklaverei in Westindien.

1940–1945
Im Zweiten Weltkrieg Besetzung durch deutsche Truppen. Königin Wilhelmina geht mit Regierung ins Londoner Exil. Bombardierung und Zerstörung Rotterdams 1940.

1947
Zollkonvention der Benelux-Länder. Rascher wirtschaftlicher Aufstieg.

1953
Eine Sturmflut fordert etwa 1800 Todesopfer.

1964–1966
Demonstrationen anarchistischer Gruppen gegen das Bürgertum. Unruhen am Hochzeitstag von Prinzessin Beatrix mit Prinz Claus.

1976
Lockheed-Affäre führt zum Rücktritt Prinz Bernhards von allen öffentlichen Ämtern.

1980
Prinzessin Beatrix wird Königin der Niederlande.

1986
Nach 25jähriger Bauzeit Eröffnung des »Oosterscheldedammes«, des größten Sturmflutwehres der Welt.

1994
Bei den Parlamentswahlen verliert die Große Koalition; erstmals seit 1918 tragen christliche Parteien keine Regierungsverantwortung mehr.

1996
Königin Beatrix bekommt den Karlspreis, weil sie sich für Europa und für die Versöhnung mit Deutschland einsetzt.

Wichtige Wörter und Ausdrücke

Ja	*Ja*
Nein	*Nee*
Bitte	*Alstublieft*
Danke	*Bedankt/dank u wel*
Und	*En*
Wie bitte?	*Wat zegt U?*
Ich verstehe nicht	*Ik begrijp niet*
Entschuldigung	*Sorry/pardon? Neemt U me niet kwalijk*
Guten Morgen	*Goedemorgen*
Guten Tag	*Goedemiddag? Dag*
Guten Abend	*Goedenavond*
Gute Nacht	*Goedenacht*
Hallo	*Hallo/hoi/Dag*
Herr/Frau	*Meneer/Mevrouw*
Ich heiße ...	*Mijn naam i ...*
Ich komme aus ...	*Ik kom van ...*
Wie geht es Ihnen/Dir?	*Hoe gaat het met U/jou?*
Danke, gut	*Dank U wel*
Wer, was, welcher	*Wie, wat, welke, hoe?*
wieviel	*hoeveel*
Wo ist ...	*Waar is ...*
Wann	*Wanneer*
Wie lange	*Hoe lang*
stündlich	*elk uur*
täglich	*dagelijks*
Ich möchte gern	*Ik zou graag ...? Ik wil*
Wieviel kostet das?	*Hoeveel kost dat?*
Wie weit ist es nach ...?	*Hoe ver is het naar ...?*
Geht es hier nach ...?	*Is dit de weg naar ...?*
Warum?	*Waarom?*
Sprechen Sie Deutsch?	*Spreekt U Duits?*
Ich verstehe Sie nicht	*Ik begrijp U niet*
Auf Wiedersehen	*Tot ziens*
Heute	*Vandaag*
Morgen	*Morgen*

Zahlen

eins	*een*
zwei	*twee*
drei	*drei*
vier	*vier*
fünf	*vijf*
sechs	*zes*
sieben	*zeven*
acht	*acht*
neun	*negen*
zehn	*tien*
hundert	*honderd*
tausend	*duizend*

Wochentage

Montag	*Mandaag*
Dienstag	*Dinsdag*
Mittwoch	*Woensdag*
Donnerstag	*Donderdag*
Freitag	*Vrijdag*
Samstag	*Zaterdag*
Sonntag	*Zondag*

Mit und ohne Auto unterwegs

Wo ist ...	*Waar is ...*
– die nächste Werkstatt	*– in de buurt een garage*
– der Bahnhof/ Busbahnhof	*– de centraal station/busstati-onstation*
– die nächste U-Bahn	*– metro/onder-grondse*
– der Flughafen	*– luchthaven/vlieg-veld*
– die Touristen-information	*– VVV*
– die nächste Bank	*– een bank/post-bank*
– die nächste Tankstelle	*– pompstation*
Gern geschehen	*geen dank/graag gedaan*
Wissen Sie ...?	*Weet U ...?*
Haben Sie ...?	*Heeft U ...?*
Darf ich ...?	*Mag ik ...?*
Vielen Dank für Ihre Hilfe	*Hartelijk dank voor U hulp*
Das tut mir leid	*Dat spijt me*
Was bedeutet das?	*Wat betekent dat?*

Das wäre nett	*Dat is aardig*
Vielleicht	*misschien*
Wo finde ich ? einen Arzt/ eine Apotheke	*Waar vind ik doktor/arts/ apotheek?*
Bitte volltanken	*Vol, alstublieft*
Normalbenzin	*gewone Benzin*
Super	*Super*
rechts	*rechts*
links	*links*
geradeaus	*rechtdoor*
Ich möchte ein Auto/ein Fahr- Fahrrad mieten	*Ik ben van plan, een wagen/fiets te huren*
Wir hatten einen Unfall	*Wij haden pech/ een ongeluk*
Eine Fahrkarte nach ... bitte	*Een ticket naar ...*
Ich möchte ... DM in Gulden wechseln	*Ik wil ... Duitse mark in guldens omwisselen*

Hotel

Ich suche ein Hotel	*Ik zoek een hotel*
Ich suche ein Zimmer/Dop- pelzimmer	*Heeft U nog een kamer/een twe- persoonskamer vrij*
– für eine Nacht/ zwei Nächte	*– voor een/twee nacht*
– für eine Woche?	*– voor een week*
Ich habe ein Zim- mer reserviert	*Ik heb eene kamer reserviert*
Wieviel kostet das Zimmer	*Hoeveel kost logies*
– mit Frühstück?	*– met ontbijt?*
– mit Halbpen- sion?	*– halfpension?*
Kann ich das Zimmer sehen?	*Mag ik de kamer zien?*
Ich nehme das Zimmer	*Ik neem de kamer*
Kann ich mit Kreditkarte zahlen?	*Akzepteert U credit- cards?*
Haben Sie noch Platz für ein Zelt/Wohnwa- gen	*Heeft U nog plaats voor een tent/ campingwagen?*

Restaurant

Die Speisekarte, bitte	*Mogen wij de kaart, alstublieft?*
Die Rechnung, bitte	*De rekening, alstublieft*
Wir hätten gern einen Kaffee/ Bier/Wasser	*Wij willen graag een kop koffie/een pilsje/glas water*
Reservieren Sie bitte einen Tisch für vier Personen	*Wilt U vond een tafel voor vier per- sonen reservieren?*
Ist dieser Platz noch frei?	*Is deze plaats nog vrij?*
Guten Appetit	*Eet smakelijk/sma- kelijk eten*
Wo ist die Toilette?	*Waar is de W.C.?*
Kellner	*Ober*
Frühstück	*Ontbijt*
Mittagessen	*Lunch*
Abendessen	*Diner/ avondeten*

Einkaufen

Wo gibt es ...?	*Waar is hier ...?*
Haben Sie ...?	*Heeft U ...?*
Wieviel kostet das?	*Hoeveel kost dat?*
Das ist zu teuer	*Dat is te duur*
Ich möchte gern 100 Gramm/ ein Pfund/ein Kilo	*Ik wil graag een ons, een pond, een kilo*
Danke, das ist alles	*Dat is genoeg, dank U wel*
Bäckerei	*warme bakker/ echte bakker*
Kaufhaus	*warenhuis*
Markt	*markt*
Metzgerei	*slager*
Lebensmittel- geschäft	*levensmiddelen*
Ich hätte gern Briefmarken für eine Post- karte/einen Brief nach Deutschland/ Österreich/in die Schweiz	*Ik wil graag post- zegels voor een briefkaart/een brie naar Duits- land, Zwitserland, Oostenrijk*

A

aalbes: Johannisbeeren
aardappelen: Kartoffeln
aardbeien: Erdbeeren
aperatief: Aperitif
appelsap: Apfelsaft
asperges: Spargel
avondeten, diner: Abendessen
azijn: Essig

B

banket: Kuchen
beschuit: Zwieback
biefstuk: Beefsteak
bier, pilsje: Bier
– *van de tap:* vom Faß
bloemkool: Blumenkohl
boerenkool (bu-): Grünkohl
bord: Teller
borrel, genever: Genever
borrelhappjes: Wurst, Käse zum Drink
borreltijd: Drink nach Feierabend
boter: Butter
boterham: Brotscheibe
bramen: Brombeeren
bronwater: Mineralwasser
brood: Brot
Brussels lof: Chicorée

C

chokolademelk: heiße Schokolade

D

deegwaren: Teigwaren
diner: (abendl.) Hauptmahlzeit
doorbakken: durchgebraten
doperwten: Erbsen
druiven: Trauben

E

eend: Ente
erwten: Erbsen

F

forel: Forelle
frambozen: Himbeere
fruit: Obst

G

garnalen: Garnelen
gebak: Kuchen
gehak: Gehacktes
gevogelte: Geflügel
groenten (chruhnten): Gemüse

H

haantjes: Hähnchen
ham: Schinken
hoofdgerecht: Hauptgericht

J

jam: Marmelade

K

kaas: Käse
kabeljouw: Kabeljau
kalfsvlees: Kalbfleisch
kalkoen (kalkuhn): Puter
karbonade: Kotelett
kersen: Kirschen
kip: Huhn
knoflook: Knoblauch
koekjes: Kekse
koffie: Kaffee
komkommer: Gurke
konijntje: Kaninchen
kop: Tasse
kwark: Quark

L

lamsvlees: Lammfleisch
lepel: Löffel
lever: Leber
lof: Chicorée

M

makreel: Makrele
mes: Messer
middageten: Mittagessen
mosselen: Muscheln
mostard: Senf

O

oester: Auster
olie: Öl
ontbijt (-beit): Frühstück
ossehaas: Filetsteak

P

paling: Aal
pannekoeken: Pfannkuchen
patat: Kartoffeln, Fritten
peer: Birne
perzik: Pfirsich
prei: Lauch
pruimen: Pflaumen

R

ribstuck: Rippchen
rijst: Reis
room: Sahne
roomboter: Butter
rundvlees (ründflees): Rindfleisch

S

sap: Saft
saus: Soße
schapevlees: Schafsfleisch
schelvis: Schellfisch
schol: Scholle
servet: Serviette
sinaasappel: Apfelsine
slagroom: Schlagsahne
snoek: Hecht
snoekbaars: Zander
soep (sup): Suppe
spa: Mineralwasser
sperziebonen: grüne Bohnen
spruitjes: Rosenkohl
stampot: Eintopfgericht

T

taart: Torte
tafel: Tisch
tarbot: Steinbutt
thee: Tee
toetje: Dessert
tong: Seezunge
tonijn: Thunfisch

U

uien (euen): Zwiebeln
uitsmijter: Strammer Max

V

varkensvlees: Schweinefleisch
venkel: Fenchel
vis (fiss): Fisch
vlees: Fleisch
voorgerecht: Vorspeise
vork: Gabel

W

wijn: Wein
witlof: Chicorée
worst: Wurst
worteltjes: Karotten

Z

zalm: Lachs
zeeduivel: Seeteufel
zeetong (see-): Seezunge
zoet: süß
zout: Salz
zuurkool (sühr-): Sauerkraut
zure room: Saure Sahne

Orts- und Sachregister

Hier finden Sie die in diesem Band beschriebenen Orte und Ausflugsziele. Außerdem enthält das Register wichtige Stichworte, landessprachliche Bezeichnungen sowie alle Tips dieses Reiseführers. Wird ein Begriff mehrfach aufgeführt, verweist die **fett** gedruckte Zahl auf die Hauptnennung. Die **Zahlen-Buchstaben-Kombinationen** nach den Seitenangaben verweisen auf die Planquadrate der Karten in den Umschlagklappen.

Vier sind immer für Sie da. Und dort.

106 lieferbare Titel
14,80 DM

19 lieferbare Titel, 39,80 DM

5 lieferbare Titel
19,80 DM

152 lieferbare Titel, 14,90 DM

MERIAN

Die Lust am Reisen.

An unsere Leserinnen und Leser:

Wir freuen uns, Ihre Meinung zu diesem Reiseführer zu erfahren. Bitte schreiben Sie uns, wenn Sie Berichtigungen und Ergänzungsvorschläge haben oder wenn Ihnen etwas besonders gut gefällt:

Gräfe und Unzer Verlag
Reiseredaktion
Postfach 86 03 66
81630 München
Grillparzerstraße 12
81675 München

Alle Angaben in diesem Reiseführer sind gewissenhaft geprüft. Preise, Öffnungszeiten usw. können sich aber schnell ändern. Für eventuelle Fehler übernimmt der Verlag keine Haftung.

Redaktion:
Christa Botar, Bärbel Kupec
Bildredaktion: Christof Klocker
Kartenredaktion:
Reinhard Piontkowski

Gestaltung: Ludwig Kaiser
Umschlagfoto: E. Wrba, Käsemarkt in Alkmaar
Karten: Kartographie Huber
Produktion: Helmut Giersberg
Satz: Andrés Gomez, Jean Rabier
Druck und Bindung: Appl, Wemding
ISBN 3-7742-0406-3

Alle Fotos E. Wrba außer:
U. Haafke S. 25, 108
J. Scholten S. 17, 27, 31, 61, 63, 106

Dieses Buch wurde auf chlorfrei gebleichtem Papier gedruckt

1. Auflage 1998